我們的內心都存在著敏感脆弱的部分。但是，那又何妨。這是很自然的事。

認同自己的感性，接納自己的「玻璃心」、脆弱或缺點。想要發揮真正的實力與潛力，你必須先愛自己。

當你覺得自己又產生逃避心理或拒絕改變，先放空你的心，告訴自己不要自我設限、別急著太早下定論。

與其思考如何遠離討厭的事物，「改變自己」絕對是更有效的捷徑。

想讓內心平靜，想變得更有自信，比起改變內在的心態，改變外在言行更容易。

我們想逃避的並非棘手的人或討厭的事，而是心中那股不悅的情感。

攬下別人的問題，並不是為對方著想。你沒有必要、也沒權利扛下別人的責任。

有了危機意識才能認真面對自己的心，主動覺察並觀察自己的感覺。

你與外界的關係，正是內在自我關係的倒影。只要改變自己，一切就會改變。

認同、接受且肯定周圍的人，也就等於是認同、接受且肯定自己。

你的反應會改變對方的反應，只要改變看得到、聽得到的部分即可。

「生不了氣」與「不生氣」是兩回事，一旦心中有了能夠衡量是非的基準，也能為自己、為正義「勇敢發聲」。

任何人都有變幸福的權利與自由，沒必要勉強自己忍耐無聊的事物。

自己決定真正想待的地方、想做的事情，才能度過充實的生活。養成習慣，主動去追求、選擇有價值的事物。

試著接受他人好意，讓身心牢記那種自在舒坦的感覺。

每個瞬間你都能依自己的自由意志做選擇。學會如何運用你的意志，就能不斷地改變自己。

我們活著的目的不是解決煩惱，而是實現自我。

不受傷的練習

傷つかない練習

Lyzz 山崎 著
連雪雅 譯

野人

野人家172

不受傷的練習

傷つかない練習

作　　者　Lyzz山崎
譯　　者　連雪雅

總 編 輯　張瑩瑩
副總編輯　蔡麗真
責任編輯　鄭淑慧
校　　對　魏秋綢
美術設計　洪素貞（suzan1009@gmail.com）
封面設計　周家瑤
行銷企畫　林麗紅

社　　長　郭重興
發行人兼出版總監　曾大福
出　　版　野人文化股份有限公司
發　　行　遠足文化事業股份有限公司
地址：231新北市新店區民權路108-2號9樓
電話：（02）2218-1417　傳真：（02）8667-1065
電子信箱：service@bookrep.com.tw
網址：www.bookrep.com.tw
郵撥帳號：19504465遠足文化事業股份有限公司
客服專線：0800-221-029
法律顧問　華洋法律事務所 蘇文生律師
印　　製　成陽印刷股份有限公司
初　　版　2017年11月

國家圖書館出版品預行編目資料

不受傷的練習 / Lyzz 山崎著；連雪雅譯 . -- 初版 . -- 新北市：野人文化出版：遠足文化發行，2017.11
224 面；13×19 公分 . -- (野人家；172)
ISBN 978-986-384-228-6(平裝)

1. 情緒管理

176.52　　106014646

不受傷的練習

線上讀者回函專用 QR CODE，您的寶貴意見，將是我們進步的最大動力。

你一定可以改變自己。

編者序

讓受傷成為一種選項，別讓負面情緒綁架你

身處現代社會，通訊器材與軟體的發達，縮減了人與人之間時間與空間的差距，然而，我們也正面臨著前所未有的壓力。

從近年來流行的「玻璃心」一詞，可以得知愈來愈多人在人際關係中受傷。從「玻璃心」這三個字被賦予負面的意涵，似乎人們都覺得「受傷」「脆弱」是一件不被允許的事情。

為何我這麼容易受傷？

一定要強顏歡笑故作堅強嗎？

想難過不行嗎？

非得正面思考不可嗎？

相信這是每個人都曾經有過的疑問，我們為自己敏感的心所苦，卻不知該如何跳脫這樣的處境，只好選擇視而不見、假裝不在乎，任由心中的那道裂痕越來越大。

針對這樣的現象，本書作者 Lyzz 山崎想告訴大家的是——

> 其實，每個人都有一顆敏感的「玻璃心」，用全新方法接受你的情緒，善待自己，練習不再當「好人」，讓受傷成為一種選項，別讓負面情緒綁架你。

她進一步明確指出：煩惱多或壓力大的人通常不知道自己是「完美主義者」。「我應該這樣才行」的理想與「我只能這樣」的現實，兩者之間的差距，形成了沉重的心結。對於他人也是如此，「你應該這樣才對」的想法轉變為怒意或責難，令自己陷入痛苦。容易被他人傷害的人，大多數都沒有察覺，脆弱的玻璃心來自完美主義和自我設限的想法。

本書作者擁有豐富的心理諮商經驗，兼具心理諮商師執照、催眠療法認證、森田療法會員等專業執照，曾經走過人生低谷的她親身經歷過療效，三十歲以後全心投入心理諮商學習，自三十六歲開始執業至今二十一年。她根據心理治療、心理教育，獨自開發出一套「學實癒」（saraag method）療法，協助諮商者達到學習、實踐、治療三合一的目的。現在透過個人講習、電話諮商、研習會、函授講座等，為日本各地的民眾解決心理方面的問題，協助他們達成自我療癒、自我成長、自我成就的目標。

在本書中，她以森田療法（Morita therapy，又稱「禪療法」，創始人為森田正馬，有「東方弗洛伊德」之譽）及西方心理諮商、催眠療法為基礎，濃縮多年實際諮商經驗、三十餘本著作精華，書中方法特別適合習慣使用網路溝通的現代人處理緊繃的精神狀態與情緒問題。

《不受傷的練習》是唯一一本東、西方療法並行的書籍。本書強調「改變想法」不如「改變言行」容易，提供確實可行的方法，來幫助讀者調整現狀。全書內容包涵：改變玻璃心的練習、用全新方法接受情緒的練習、善待自己並與人融洽相處的練習、不再當「老好人」的練習。

書中的三十二個情緒整理小練習，能夠幫助你告別玻璃心、跳脫情緒惡性循環、脫離人際壓力症候群、強化情感免疫力，找回舒心自在的生活。

每個瞬間你都能依自己的自由意志做選擇。學會如何運用你的意志，就能不斷地改變自己。我們活著的目的不是解決煩惱，而是實現自我。

別浪費有限的人生，你不是被傷害，而是選擇了受傷。

只要覺察情緒，就能脫離負面情緒的惡性循環，打造正面思考，創造幸福人生。

期待每個讀過本書的讀者，都能獲得全新的人生。

野人文化編輯部

前言

只要有心改變，你一定做得到

本書的主旨是化「不可能」為「可能」。

如果你想要——發揮完美出色的真正實力，讓自己變得充滿活力、自信十足，迎接幸福人生、實現自我——在此誠摯地與你分享這本書。

這二十多年來，我透過心理諮商協助人們改善自我、實現自我，出版的書籍如今已經超過三十本。

不過，進入這一行時，我已年過三十。在此之前，我一直住在美國，以鋼琴自彈自唱謀生，那時我對這樣的自己十分迷惘。「總有一股茫然的不安……」「這不是真正的我……」內心始終揮不去這股難受的感覺，後來某件意想不到的事使我發現，原因出自兒時的心理創傷，頓時陷入了不安的深淵。

於是，我接受了各種心理治療，努力修復心傷。在新時代（New Age）運動的發源地加州體驗心理療法與治療後，那絕佳的效果令我大為感動，所以開始學習催眠療法，進而成為心理諮詢師。

爾後，我回到日本開業。三十六歲那年，我一邊從事心理治療、心靈諮商，一邊在大學的函授班進修心理學與教育學，就這樣維持了四年的時間，之後自創「學實癒」（學習、實踐、療癒，saraag method）療法。其後，我也接受了本書中不時提及的「森田療法」訓練，至今仍持續學習其實踐法。

《不受傷的練習》這本書傾注了我所有的親身經驗、研究及知識，希望能夠幫助各位消除「玻璃心」造成的煩惱或壓力。除了針對煩惱、壓力引發的惡性循環進行說明，也會建議大家此時此刻應該進行什麼「練習」，提供具體的處理方法。期望大家能在解決煩惱或壓力之餘，成為「理想的自己」、實現自我。

只要有心想改變，你一定做得到。

我想改變、我要改變，一旦產生這些念頭，你必定能夠改變。

本書的封面是鐵軌的景色，呈現了溫馨的氛圍。這張圖使我感受到，不管內心現在的景色如何，我能帶著平靜堅定的決心，立刻選出將來的路。這股「穩定的潛能」與本書極為契合。

改變自己，創造自己認同的人生。

這時候，你需要的並非過人的自信，也不是樂觀開朗的個性，而是「不想再繼續這樣下去」的煩惱。在那背後隱藏著「我想改變」的欲望，以及沉穩的決心，有這些便已足夠。你擁有改變的力量，最好的證明就是你拿起了本書翻閱。不過，你需要培養正確有效的思考方式與具體的行動習慣，書中將針對你的需要逐一說明。

接下來，針對本書的閱讀方式我想給予些許建議。

翻閱本書時，請把特別有感覺的部分，或是想當作課題的部分用紅筆或螢光筆畫線做記號，想成你正在研讀教科書那般，盡量多畫線或寫上感想。

然後，重複多讀幾次。每一次的閱讀都會讓你發現之前沒注意到的部分，確認自己的進步、找到新課題。尤其是以前看過不少勵志書卻沒什麼改變的人，請記得每天翻閱一次。要是很忙抽不出時間，看看充滿平靜力量的封面也好，看的時候請集中精神。這麼一來，你將重新認識心中健全的欲望與決心，重新了解自己正處於每天改變的過程，你的實力將日益強大。

從現在開始，一切皆已開始好轉。衷心祈求各位都能發揮內在的無限實力、愛與潛能，謹以祝福的心獻上本書，Good Luck！

序章 每個人生來都有「玻璃心」

第1章 改變玻璃心的簡單練習——接納自己沒有察覺的情感

第3章 善待自己，並與人和睦相處的練習
——不再鑽牛角尖，把注意力集中在當下

第4章 練習不再當「老好人」

——不再討好賣笑、裝好人、過度拚命，從壓力解放自己

》把消耗於煩惱的能量，用來做有建設性的事

》比起消除雜念，不如馬上動手做可以做到的事

》覺察你的問題，跳脫「製造煩惱的惡性循環」

》打鐵趁熱，好事不宜遲，把「行動」當作你的第一課題

》不把徹底消除煩惱當成人生目標，把力氣專注在想做的事

》今天起，不再庸庸碌碌地過日子

序章

每個人生來都有「玻璃心」

你應該認同自己的感性，接納自己的脆弱或缺點。
如果想要發揮真正的實力與潛力，你必須先愛自己。

≫每個人生來都有「玻璃心」，接受弱點你才能真正做自己

我們擁有無限的可能性。

你我都具備了許多實力、能力與潛力。

各位或許聽過這麼一句話：「人類通常只發揮了一成左右的能力。」

那麼，剩下的九成呢？

當然還在我們身上。

可是，為什麼我們無法完全發揮自己的能力呢？

那是因為，「自我設限」的想法使我們認為「我就只是這樣」，忽略了自己其實擁有無限的潛能。

正確來說，應該是父母的意見、社會常識、過往經驗等，使我們產生那樣的想法，然後毫不猶豫地走上別人為我們鋪好的人生道路。

我們的內心都存在著敏感脆弱的部分。

但是，那又何妨。這是很自然的事。

然而，有時還是忍不住覺得「我真沒用，連這點事都辦不到」，像這樣心生消極的念頭。

這樣消極的思考，正是「自我設限」的想法所致。

覺得為了達成某個目標，或是想要獲得幸福，必須得讓自己隨時保持完美無缺才行。

不不不，才沒那回事。

你應該認同自己的感性，接納自己的「玻璃心」、脆弱或缺點。也就是說，如果想要發揮真正的實力與潛力，你必須先愛自己。

我們的內心都存在著敏感脆弱的部分。

但是，那又何妨。這是很自然的事。

「我就是這樣才不被認同。」
「我就是這樣才沒人愛。」
「這樣的我，什麼都做不來。」

像這樣，經常否定自己，久而久之就會養成自我否定的心態。
於是，原本那個真正的自己、充滿潛能的自己，因為自我否定而逐漸萎縮。
萎縮的心態使我們更加無法放手做自己，大大限制了自己的可能性。

「像我這樣微不足道的人……」這種否定的想法，正是出自以往的經驗，也就是過去的「自我認知」（偏見）。
我們之所以無法發揮隱藏的九成能力，最大阻礙就是「自我設限」的思考。

所以，請別再否定自己的脆弱與缺點。
也許有人會想，這話說來簡單，做起來卻不容易。
請放心，你一定做得到。

這本書可以協助你修正自己的想法，讓你不再強迫自己改變「你以為的缺點」，或否定自身的存在。

如此一來，你就能放寬心，不再總是自我否定、「打槍」自己。

此後，你不必再想「我得保持正面思考才行」，硬逼自己用正面思考去看待事情，勉強自己以積極的心態去努力。重點在於，接受自己的敏感、脆弱、缺點或恐懼，完全認同那樣的自己，放鬆想要控制自我的心。

心放寬了，屬於你的真正實力、原本的能力或潛力就會顯現出來，進而充分發揮。你將在往後的人生中體驗到發揮自我潛能的喜悅。

》煩惱或源源不斷的壓力，源於自我要求過高的完美主義

煩惱多或壓力大的人通常不知道自己是「完美主義者」（自我要求過高）。

而且，完美主義傾向愈強烈的人，愈不認為自己是完美主義者，還會謙卑地

予以否認：「不不不，我才不是那種人呢！」然而，不少人否認時也會再加上一句：「不過常有人這麼說。」

旁人眼中極度完美主義的人說自己「才不是那種人」，這是理所當然的反應。正因為自我要求過高，從那個人心中對「完美」的定義看來，總覺得自己缺少了什麼，有不足之處。

那麼，煩惱或壓力又是什麼呢？

那些都是「心結」。

當然，有些人的煩惱來自生病或經濟壓力，但多數的煩惱都是心結所致。「明明想這麼做」卻礙於「但我應該這樣才行」的心結，引發擔憂或不安，害怕事情發展不如預期、苦惱糾結於「無法兩全其美」。

「我應該要這樣」的理想與「但我只能這樣」（實際程度只有這般）的現實，兩者之間的差距過大，形成了沉重的心結。對他人也是如此，認為「對方應該這樣才對」的想法往往成為怒意或責難的原因，令自己陷入痛苦。

如前文所述，「煩惱多或壓力大的人，往往有強烈的完美主義傾向」，理由就在此。

也就是說，「我應該這樣才行」的自我理想過於不切實際。由於無法彌補「可惜我只有這般程度」的現實落差，才會造成自己終日煩惱痛苦。

煩惱或壓力源源不斷、無法接受自己、心裡老在批評別人，有這些傾向的人，多半是「我應該這樣才行」的自我理想過於不切實際。

他們硬要扭曲原本的現實，強迫自己符合「應該要這樣」的形象，為了對抗現實而陷入苦戰。因為過度勉強而感到吃力，導致煩惱叢生。

接受自己的敏感、脆弱或缺點、恐懼，
完全認同那樣的自己，放鬆想要控制自我的心。

說到這裡，或許有人會想：「可是，認同現實難道不會就此失去上進心？」重點來了！這樣的想法正是我們過去深信不疑的「自我設限」！

不過，有這樣的想法不是那個人的錯。

上進心強烈的人，包含過去的我在內，基本上都是被父母寄予過高的期望，在被否定的環境下成長，真正的自我得不到認同；或是經歷過某些挫折，了解到自身的不足，無法肯定自己；又或是本來就是拚命三郎的個性，為了達到理想而「過度偏執」。

再者，由於他們一直以來都是用那種心態逼迫自己，才得以順利達成目標、逃避不安，一想到要擺脫那樣的想法或心態，難免會感到恐懼。因此才會產生自我防衛的心理，不禁脫口說出「可是，那樣難道不會就此失去上進心……」之類的藉口。換言之，當新的想法出現時，內心就會不由自主地產生抗拒感。

》「應該這樣才行」的執念，讓人陷入負面情緒的循環

執著於「應該這樣才行」的完美主義者，為了擺脫煩惱或壓力，一心只想成為理想中的自己。殊不知，這樣反而會讓自己朝著錯誤方向前進，背離可以獲得解脫、放鬆的正道。

他們一心以為只要消除自身的缺陷，一切就會變得順利，因為受制於這種想法，因而漸漸地抹滅、扭曲了原本的自己。

像這樣強迫自己，煩惱非但不會消失，還會變得更加痛苦。而且，用相同的想法看待他人和這個世界，煩惱也將無限擴大。

其實，容易被他人言行傷害的人，大多數沒有察覺自己的傷往往是源自理想過高、「應該這樣才行」的自我限定想法。

有些前來諮詢的患者會說：「被別人那麼說，令我大受打擊……」「一直聽到別人的炫耀，讓我很沮喪……」進一步細問，這才發現他們對別人也抱持著「對方應該這樣才行」的思考。

也就是說，那些人心中暗暗期待對方「應該這樣做」，例如「不該說那些話」或「我想聽的是這樣的話」等等。但現實卻往往事與願違。因為無法接受現實與自己的理想之間的落差，「應該這樣才行」的想法產生了強大的作用力，讓人忽視造成心傷的主因源於自我限定的思考，使你陷入容易心碎受傷或經常刻意醜化他人的狀況。

像這樣，硬要扭曲無法否定的事實，久而久之就會陷入惡性循環，如同滾雪球似地愈滾愈大。

若想真正地擺脫煩惱或壓力，勉強自己達到高標理想並非解決之道，相反的，跳脫「應該這樣才行」的自我限定想法，接受既有的現實才是正確答案。

試著想像一下，那種感覺就像是，讓位於最高層的自己（理想）往下移動，別再逼著底層的自己（現實）吃力地往上爬。

這正是擺脫煩惱或壓力的有效祕訣之一。

讀到這裡，各位有何想法呢？是否讓你聯想到自己或某人，覺得心中豁然開朗，或是有了新的啟發呢？

想要擺脫煩惱，進一步發揮內在的真正實力，必須先修正導致心結的偏執想法，接受、認同並喜愛既有的自己（現實的自我）。這一點非常重要，請先確實做到這件事。

只須放鬆心情，完成本書接下來教你的各項步驟即可。

你將對自己今後的變化樂在其中。

因為，變得更輕鬆之後，你會更喜愛真正的自己，這些步驟將幫助你成長，進而發揮原本的潛能，實現願望、獲得幸福！

≫想改變自己，比起改變「心態」，改變「行動」容易多了

前文中提及了關於煩惱、壓力、脆弱敏感的玻璃心。

本書會針對那些原因或想法進行說明，不過，主要還是聚焦在實際可以採取的「行動」。

因為，即使了解理由，不知道該怎麼做的話就無法改變。

更重要的是，比起改變「內心」或「心情」，改變外在的「行動」來得簡單容易多了。

好比寫書法，就算內心保持穩定，未必就能寫出一手好字。首先，必須改變以往習慣的寫法，進行正確的書寫練習，才能練出一手漂亮的字。

當然，改變心態會提升動力，言行也會跟著改變，但長久以來養成的習慣是一瞬間的自然反應，想要徹底改變的確不容易，並不是看看書或根據理論就能馬上修正，因此經常會遭遇瓶頸或陷入惡性循環。令人對於力有未逮的自己倍感自責，甚至氣餒沮喪。

不過，若是先從改變言行開始的話，對方或周圍的反應也會隨著你的變化而改變，現實情況也會好轉。這麼一來，心情也會愈來愈輕鬆，想再多去嘗試，更加熱衷於改變行動。

人生諸事平順，心情自然好。

因為現實生活愉快，內心也會跟著產生變化。

有些人希望擁有自信，然而自信是無形的，很難像訓練肌肉那樣進行鍛鍊。

但是，言行卻能夠隨著你的自由意志而改變。

因此，想讓內心平靜、想變得更有自信，比起改變內在的心情，改變外在的言行更加容易。

言行改變了，周圍的反應、對應也會隨之改變。

舉個例來說，不擅長應付某人的酸言酸語，在對方面前總是表現得不乾不脆、畏畏縮縮。儘管在心裡努力說服自己不要害怕對方，只要你的言行不改變，終將無法改善現狀。

其實，別太在意情緒的變化，言行表現得果斷乾脆一點吧。即使聽到刺耳的

想讓內心平靜、想變得更有自信，
比起改變內在的心情，改變外在的言行更加容易。

話語，只要試著發揮幽默感，改變以往的言行，光這麼做就能挫挫對方的銳氣，讓他覺得「看樣子老方法行不通了」，漸漸地知難而退。

最後你會發現「什麼嘛，我根本不必那麼怕他」，心情頓時舒坦爽快，自信油然而生。

「只要傷害我的人還在這世上，我就永遠無法變得幸福」，假如你這麼想，要想達到這個目標就好比要清除全世界的雜草那般困難。

另外，「脆弱敏感的心若不變得堅強，我永遠無法變得幸福」，假如有這種想法，那不就表示想獲得幸福的人都得變成超人，這更是不可能的事。

讓傷害自己的人從身邊消失，或是控制情緒，好讓自己絕不會受傷，並無法讓我們真正變得幸福。

門檻這麼高的話，無論是誰都無法變得幸福。

你要做的是，接受自然的情感，了解今後該如何具體修正實際的言行，盡力去嘗試，從中獲得變幸福的能力。

≫人在脆弱的時候，有時當下需要的就只是理解

為某事煩惱不已，或是內心大受打擊，有苦難言的時候，此時若有人願意傾聽，心情總是會變得輕鬆些。

可是，倘若對方很快就評論起原因，給予建議、提供解決方法，有時反而令人更加心情低落，造成反效果。

因為，在當下這個階段，傾訴煩惱的人只不過是想要訴苦，獲得對方共鳴。我將這個時期稱之為**「立點」**（standing point），進行心理諮商時，如果沒有弄清楚立點或對方如何解讀他人的言行，諮詢過程通常會不太順利。

然而，被訴苦的對象通常不是專家，而是當事人身邊親近的人，他們基於擔心的立場或自認為對方著想，希望對方盡快察覺到問題的癥結、早日揮別煩惱，經常會強行向對方灌輸自己的意見。

訴苦的人沒想到說出煩惱之後，卻不斷地被追究原因，或是聽到該怎麼做才能解決問題之類的建議，原本已經很脆弱的內心狀態，反而轉變為自責，這種情況屢見不鮮。

訴苦的那一方只是想得到你的認同，希望你安慰他：「這樣啊。」「原來如此。」「你很累吧。」希望藉由他人的共鳴尋求安心，這才是對方當下的立點。

準備好跨出下一步時，總是希望有人推自己一把

吐露心聲、說出洩氣話、唉聲嘆氣或發牢騷的人，只要獲得共鳴，感受到對方理解自己，消沉的心情自然會慢慢變得積極起來。

處於這種立點的人，心想現在該是往前邁進的時候，於是找人商量討論，此時若只是默默傾聽，反而無法滿足對方的需求。因為，當事人已經做好跨出下一步的心理準備，之所以找人商量就是期待有人推自己一把。

經驗豐富的心理諮詢師或專業的心理教練都熟知撫慰、共鳴／激勵、督促的時機點，進而給予適當的應對。

如此截然不同的應對方式，可以解釋為「母性」與「父性」的處理態度。接

納、共鳴、勸誡相當於母性的一面；而激勵、督促、鞭策則相當於父性的一面。

有些諮詢者會說：「我接受心理諮詢已經好幾年了，對方每次只是聽我說，感覺沒什麼改善的效果。」另一方面，有些諮詢者則是說：「好不容易下定決心去接受諮詢，總覺得不管說什麼都會被罵，搞得自己很難受。」

之所以會有那樣的感受是因為，他們得到的應對方式過於母性或父性。

我之所以提出這一點，並不是想評論心理諮詢師該有的態度或應對方式孰是孰非。而是想提醒一件事：即便是身邊親近的人，如果沒有專業知識或接受過相關訓練，商量之後多半會得到失望的結果。而且，就算是專家，也得先弄清楚諮詢者的經驗、立點或時機點……等，方能切合對方的需要。

有時候，訴苦的那一方只是想得到你的認同，
希望你安慰他：「這樣啊。」「原來如此。」「你很累吧。」

當各位透過「閱讀」尋求解決煩惱的方法時，若你察覺現在的自己依然缺乏自信，無法實踐書中的提案，或許會感到自責，其實會有這樣的感受很正常，是可以預期的反應。

進行心理諮詢時，我的做法是仔細傾聽諮詢者說話至少兩至四個小時，甚至更長的時間，重點就是花時間多傾聽。等聽完之後才給予建議，以免發生前文提及的失敗。當然，我也會邊聽對方傾訴，邊適時地提出意見、說明，但真正的心理療程或言行的改善，通常是進行過四、五次諮詢之後才開始。

我根據自身的經驗彙整出各種讓各位變得更輕鬆、幸福的方法，並將這些內容統整在這本書裡。

可惜的是，我無法逐一傾聽各位的煩惱。

因此，假如各位在閱讀的過程中覺得有些難受，或是某些痛處被說中了很難過，覺得現在的自己無法做到，抑或書裡寫的不符合你的情況、似乎缺少了些什麼，請略過那些內容，「書畢竟是書，無法十全十美」，這一點尚請各位諒解。

》閱讀本書時的兩個請求：別急著下定論、在日常生活中多練習本書的建議

要是閱讀過程中覺得難受，請略過那些內容，但在序章結束前，還有兩件重要的事想要告訴各位。

首先，閱讀本書時，盡可能排除前文所提到的「自我設限」，藉由深呼吸放空內心，以純粹的心情嘗試書中的練習。

每個人難免有不拿手或自卑的事，假如固執地認為「沒辦法，我做不來」、「我就是辦不到」的話，等同於限制了自己的潛能，這是很可惜的事。

在你閱讀的時候，也許會同時出現「我想變成那樣」與「不過好像很難，我可能做不到」的雙重自我，內心的矛盾彼此拉扯，成為心結。其實，這樣的矛盾正是促成自我覺察的大好契機，請你靜觀其變就好。

當你覺得自己又產生逃避心理或拒絕改變，一旦有這樣的感受，先放空你的心，告訴自己不要自我設限、別急著太早下定論。

另一項請求是，請把今後要進行的嘗試當成「強化集訓」。現在的你正要突破以往的模式，讓自己變得更輕鬆、更幸福。因為過去的做法令你很難受，所以決定修正那樣的模式，揮別煩惱，活在喜樂的世界。此刻的你若以運動比賽為例，就像從二軍進入一軍的強化集訓階段。

我所謂的「強化集訓」在實際的日常生活中就能進行，平時就可以確認進步的程度、壓力減輕的狀況。換句話說，你不必花費額外的金錢與時間，也不需要特定的場所，真是太棒了！

閱讀本書時，如果發現符合自己或派得上用場的內容，請試著在日常生活中多多練習嘗試吧。

》本書心理療法的目的：達到「療癒、成長與成就」的三合一成長

有句話我常掛在嘴邊：「療癒、成長與成就是一組的。」也就是三合一的成長。

在進行自我療癒的過程中，你會自然而然地喜愛自己、理解他人，這是必然會有的人格成長。

不過，那樣的變化是因何而起呢？原因在於為了實現你的願望，讓自己變得幸福，你會自然地朝著實現願望的方向前進，這就是「療癒、成長與成就」三合一成長的過程。

換個角度來說，為了實現願望去做真正該做的事，必然會懂得愛自己，理解人生大小事間的因果關係，人際關係也會變好。你會發現，煩惱或壓力正逐漸地消失，只要持續練習就會有所成長。在獲得成長的同時，內心也得到了療癒，成為理想中的自己，實現了願望。

其實，療癒並非主要目的，成長或實現願望也不是主要目的。但是，就算只將其中一項視為目的，三者之間也會相互連繫，擴大成為一個圓。

得到療癒後，你自然會變得更喜愛自己，全身散發自信，盡情展現自我、做自己想做的事。此時的你，已經踏上了幸福的人生道路。

這樣的狀態簡直是一石二鳥，不，應該是一石三鳥才對。

各位準備好了嗎？

Ｙｅｓ！我聽到你的回答了。

那麼，接下來要進入本書的重頭戲囉！

第1章

改變玻璃心的簡單練習

——接納自己沒有察覺的情感

我們的心為什麼會受傷？

本章將為各位說明潛藏在你心底的不安、恐懼或脆弱的原因。

練習

01

OS》大概只有我會為了這點事搞得自己很煩吧？

心碎、不安、沮喪時，跟自己說：「這是很自然的反應。」

在意煩惱或壓力時，你是否曾這麼想過：「大概只有我會為了這點事搞得自己很煩。」

這種傾向稱為**「差別意識」**或**「特別意識」**。

「連這點事也做不來的人一定只有我」，如果總是這樣看待自身的缺陷，即使有心解決也很難想出法子，為此苦惱不已、筋疲力盡，心想「為這點小事搞得自己很煩是不是很奇怪」，開始覺得自己是個怪咖。

好比在人前自我介紹，當你覺得自己表現得很差時，其實在場的其他人也都覺得自己表現得不夠好。

表現出色的人會覺得「我好像太嚴肅了」，搞笑緩和氣氛的人會覺得「我又被大家笑了」。每個人臉上看似平靜，內心卻波濤洶湧，極為介意、煩惱。

另外，在人前被指正時，內心忐忑不安、害羞難為情，或因為對方的指正而不悅，都是非常自然的反應。所以，大家其實都一樣，沒什麼太大的差別。當你見到態度從容冷靜，對他人的批評微笑以對，能夠馬上修正改進的人，會覺得對方怎麼那麼厲害，但其實他心裡也是咬著牙在苦撐。

▼步驟❶ 丟掉「只有我這麼煩惱」、「因為我很差勁，所以才那麼辛苦」的想法

一樣米養百樣人，每個人的自我介紹各有所異，煩惱或內心的脆弱也是千差萬別。這世上有多少人就有多少煩惱，大家都一樣，別再對自己抱有差別意識或特別意識。

▼步驟❷ 出現「只有我……」的想法時，笑著告訴自己：「其實大家都一樣。」

向自己的內心說安撫、共鳴、激勵的話語，這動作稱為「**內心的悄悄話**」。

像這樣對自己的內心說悄悄話，心情就會變得輕鬆。

或許有人會說：「心情變輕鬆並無法解決煩惱，壓力也不會就此消失。」

別心急，讓心情變輕鬆非常重要。

因為，**差別意識、特別意識是擴大煩惱、造成惡性循環的根源**。消除偏見，就會脫離以限定想法看待事物的習慣，不會再有「只有我會為了這種小事煩惱」的消極念頭，可以防止煩惱持續增加。

當我在個人講習會上舉例提到某個解決方案時，差別意識強烈的人聽了總會說：「就算對方做得到，但我做不到。」假如我說：「我以前也是那樣。」對方就會回應：「老師比較特別，所以您做得到。」相當固執己見。或許是因為他們對自己抱有特別意識，所以才會覺得他人的成功是特例。

那樣的想法形成了偏見，限制自己的行動，即使眼前出現解決方案，仍會主動拒於門外。由此可知，自我設限會為自己帶來不少遺憾。

當你覺得心碎受傷、低落沮喪、忐忑不安、焦慮煩躁、害羞難為情、嫉妒……等，出現這些負面感受的時候，請安撫自己「這是很自然的反應」，養成對內心說悄悄話的習慣。

練習

02

OS≫對方其實沒有惡意，為這點小事難過是否太小家子氣？

當負面的不悅情緒出現時，先別急著否定它

經常埋頭苦惱、沮喪低落的人都擁有一顆玻璃心。

他們脆弱敏感的心有時會化作焦躁的情緒或怒意，其實脆弱敏感是因為自我接納度或自我評價太低，其最根本的源頭在於「不安」。

這世上有多少人就有多少煩惱，大家都一樣，別再對自己抱有特別意識。

≫刻意逃避負面情感，你就無法真正處理並放下它

煩惱的時候，我們總是會告訴自己「別為了這點事難過」、「對方其實沒有惡意」。

想是那麼想，但心裡仍然會難過沮喪。為什麼會這樣呢？

那是因為，我們無法接受別人說的話或舉動在心中自然產生的不悅感。**不安或恐懼是每個人都會有的情感。然而，當你刻意逃避那樣的不悅感，就無法真正處理並放下那樣的情感。在心中存有不悅的狀況下，你很難在當下做出適當的處理或轉換心情。**之所以無法轉換心情，問題在於我們沒有妥善處理不悅的情感，讓自己一直埋頭苦惱，因此陷入那樣的窘境。

所以，你只要養成充分感受情感的習慣即可。

沒錯，只是這樣而已，就是那麼簡單。

「改變自己，一切就會改變」，這是我的座右銘。

只要「自己」這個中心點產生變化，周圍的人與世界一定也會改變。這個法則亦稱作**「一事即萬事法則」**。

覺察並感受不安、恐懼、悲傷或心碎等負面的不悅情感，稱之為**「接納情感」**。明知沒必要覺得受傷、明知對方沒有惡意，心裡還是非常忐忑、傷心、沮喪，此時請你先理解一件事，「問題不在對方，在於你的情感接納力」。切記！一事即萬事，將「改變自己，一切就會改變」當成你的座右銘。這麼一來，變化很快就會出現。與其思考如何遠離討厭的人事物，「改變自己」絕對是更有效的捷徑。

然後，為自己設定方向，盡可能地縮減壓力，那麼做將引導你理解並接受自己、喜愛自己。

我們的一生都是透過愛自己與愛別人來擴大自身的潛能。包含不悅或棘手的

與其思考如何遠離討厭的人事物，
「改變自己」絕對是更有效的捷徑。

情感在內，接受未知的自己，排除自我設限，這才是拓展內在真正實力、發展無限潛能的祕訣。

≫正視並接納不悅的情感，培養你的「情感免疫力」

前文提到的情感接納力，我稱之為**「情感免疫力」**。

例如，某人心有不甘，對別人亂發脾氣。

因為無法充分感受、體會「懊悔」的心情，所以才做出「遷怒」的舉動。也就是說，那個人缺乏面對懊悔這種心情的情感免疫力。一旦感受到懊悔的情感，內心就會覺得不安。為了逃避不安，急著想把那樣的感覺從心裡驅逐，無法接受自然產生的「我不甘心！」的情感，因此才會怪罪他人，做出對別人亂發脾氣的「遷怒」舉動。

自小經常被指責「別為了那點小事哭哭啼啼」、「哪有那麼委屈！」的人，容易缺乏情感免疫力。

孩子覺得失望、不甘心的時候，通常會大哭大鬧。當他們以哭鬧的舉動體會自然的情感時，若大人能夠對他說：「你很委屈吧，沒事了沒事了。」先表達共鳴，等那樣的情感被孩子的內心接受後，再告訴他：「下次再好好努力吧。」孩子的心自然會變得積極。

序章裡曾提到心理諮詢師的母性應對方式，告訴對方「沒事了」，向他表示共鳴，正是這樣的應對方式。

不過，假如父母本身也缺乏情感免疫力，往往無法坐視孩子鬧脾氣，馬上就想要制止孩子，否定孩子的舉動。

當然，除了懊悔的情感，有時孩子也會內心受傷或感到沮喪。

倘若這時候父母的反應是：「你這樣哭哭啼啼也沒用，○○就是比你厲害嘛！」反而會讓孩子覺得被責罵。

想要充分體會難過或不甘心等負面情感時若遭受制止，就無法明白那樣的感覺其實沒什麼大不了，無法培養情感免疫力。結果，承受不了負面的情感，轉而怪罪他人，或是自責「都是我不好才做不到」。像這樣，變成無法接納自己、自我評價低的人，我認為這是相當可怕的一件事。

想像擠檸檬或輾壓酸梅的畫面時，口中就會不自覺地分泌唾液。

這是因為大腦已經記住，嘴裡有酸東西就得分泌唾液的反射反應。所以，即使眼前沒有檸檬或酸梅，光憑想像就會產生流口水的聯想，然後真的分泌唾液。

〈酸梅〉→〈很酸〉→〈分泌唾液〉

這是來自身體的生理反應。

仔細想想，這可是很厲害的事。明明沒有任何物理變化，光憑想像就能讓身體產生分泌物。

同樣的，光是想像令人擔憂的事，心臟就會狂跳，還會冒冷汗對吧。

其實，這與情感免疫力有著很深切的關係。

當你小時候不經意地做了、說了什麼，或是不小心做錯事情，大人總是不分青紅皂白地劈頭責罵，一旦習慣了這種情況，大腦也會記住那樣的連鎖反應。

對孩子來說，被父母責罵是一種心理危機，因而出現這樣的連鎖反應。

〈被罵〉→〈害怕〉→〈心跳加速〉

兒時常被不分青紅皂白地責罵，或道了歉仍不被原諒，那種不愉快的經驗將導致自己在面臨各種情況時，腦中不自主地產生危機感。因此，即使明白「沒必要那麼難過」，內心還是很不安，心臟狂跳不已。

另一方面，小時候犯錯時，若是大人溫柔地諄諄告誡，當你嘗試主動做某些事時都會得到誇獎，重新修正錯誤或努力克服問題也能得到讚許，在這種環境下長大的人，就算被他人指正或提醒，也會以正面的心態坦然接受。

這就好比沒看過也沒吃過檸檬或酸梅的人不會分泌唾液，知道即使失敗也不會被責怪的人，多半不太會恐懼，或是在失敗發生前，陷入忐忑不安的狀態。

練習

03

OS》負面的情感是不對的！

仔細品味不悅的情感，接納並認同當下的感覺

害怕受傷或失敗而逃避他人、逃避行動的原因是，大腦將不悅的情感視為「心理危機」。

其實，我們想逃避的並非棘手的人或討厭的事，而是心中那股不悅的情感。

若想克服這一點，就得提高情感免疫力。進行練習，感受並認同自己當下自然的情感。

吃到很苦的東西，馬上就會吐出來。但是，與其急著消除那種感覺和恐懼，不妨仔細品嚐苦味。這麼做才是真正地愛自己、接受自己。

請你幫助心與大腦重新認知，體會負面情感並不會帶來令人害怕的結果。

▼步驟1 首先，養成深呼吸的習慣

緩慢地、大口地吸氣，然後「哈——」地緩緩吐氣。

肩膀放鬆，嘴巴張開，嘴角朝左右兩側上揚，反覆進行深呼吸。

呼吸是隨時隨地都能做的事，經常提醒自己，養成深呼吸的習慣。深呼吸的同時記得放鬆肩膀喔。

▼步驟2 深呼吸的時候，自問：「現在感覺如何？」

傷心難過、害羞難為情、委屈、悲慘……無論是怎樣的情感，請告訴自己那種感覺「很自然」，不用急著評論好壞或急著改變，專注於體會即可。

我們想逃避的並非棘手的人或討厭的事，

而是心中那股不悅的情感。

想哭就哭，然後輕撫胸口，安慰自己：「沒事了沒事了。」「放心吧。」這麼一來，往後不管面臨怎樣的情感，你都能處之泰然、從容應對。

養成習慣後，情感免疫力自然會提高，被不安吞噬的情況明顯減少，「腦中一片空白」的情形也會消失。

養成深呼吸的習慣，接納自身的情感後，接著你要做的是——

▼步驟❸ 練習認同當下的自然情感

「我現在的心情是〇〇。」

「我現在很〇〇。」

像這樣，好好了解當下的心情，練習認同那樣的心情。

或許有人會想，這個練習和前面的深呼吸、接納情感很像，為何不一起介紹？因為，我們很容易忽略這個重要部分，所以我另外提出來說明。

以往遇到不如意時出現的「心痛」、「驚呆」或「煩悶」等情感，若能透過前文的練習，安慰自己「沒事了沒事了」、「這樣很自然」，就表示你已經能夠充分體會自身的情感，並且產生共鳴。

充分體會並接納、共鳴之後，比起「心痛」或「驚呆」的感受，你更能察覺深層的實際情感。然後告訴自己：「是啊，很不甘心吧。」「沒人懂的感覺很難過吧。」像這樣予以認同。

覺得「傷心」，或許是因為，「我以為對方是體貼的人，所以才會感到傷心」。

覺得「生氣」，或許是因為，「我的存在被忽視，自尊心受傷，所以才這麼生氣」。

察覺、認同欲望也是「了解自己」的關鍵。

能夠感受具體的心情，就代表你的情感免疫力提高了，此時請再搭配前文的練習，進入認同的階段。

所有情感都是自然的。接納、認同那些情感，就會察覺潛伏在內心深處的挫折，或是某個未被發現的欲望。

察覺、認同欲望也是「了解自己」的關鍵。唯有了解自己，才能確定真正的價值觀或生活方式。當願望成為明確的目標，你的人生必定會朝著自我實現的方向前進。

練習

04

OS》氣氛有點沉重……我是不是該說些什麼？

察覺氣氛沉重時，別急著炒熱氣氛，試著少說幾句話

你是否「害怕沉默」呢？

令人感到自在，能夠放心往來的關係意指，無論對方是同性或異性，在一起的時候，彼此心中覺得不受拘束。

看似開朗風趣的萬人迷，也許其實很在意他人的臉色、害怕沉默，所以總是滔滔不絕說個不停。但也因為如此，情路始終不順。這樣的例子其實不在少數。

不管原因為何，如果你也害怕沉默，不妨試著這麼做——

▼步驟1 練習放空

試著少說幾句話。

這時候，請深呼吸，好好專注於自己的呼吸。

平常與人對話時，如果覺得「這種情況，我好像該說些什麼」，別急著開口，先做個深呼吸吧。

揚起嘴角、深呼吸，暫時「放空」一下。

另外，有時對方只是因為累了而沉默，或是靜靜地想事情，也許你會覺得對方好像在生氣，那段無言的「空檔」彷彿度秒如年。這時候，不妨這麼做——

▼**步驟2 輕聲安撫自己：「不是你的錯，別擔心。你沒做錯什麼，沒事的。」**

練習

05

OS》那個人說那句話是什麼意思？他在生我氣嗎？

不過度反應他人的言行，矯正主動朝「受傷」前進的習性

深呼吸、接納情感、放空是內在的基礎訓練。除此之外，還可以在與人溝通的場合，同時進行改善「看法與反應」的練習。

內心脆弱敏感的人，通常會有刻意讓自己心碎受傷的傾向。

感覺就像是，身體主動朝著受傷、成為被害者的方向前進，擺出「就定位，預備！」的姿勢。因為已經處於「預備！」的衝刺狀態，聽到來自外界的刺激，

就會產生「快跑！」的念頭，朝著受傷的方向狂奔而去。有時就算只是微風般的小小刺激，也會搞得自己身心俱疲、傷痕累累。所以，請提醒自己，別急著擺出「預備」的姿勢。

步驟1 深呼吸的同時，輕聲告訴自己：「放心放心。」「沒事的。」

調整好心態，想像自己處於中立狀態，以這樣的狀態深呼吸。

早上起床後、晚上入睡前，利用十分鐘左右的時間進行調整心態的深呼吸。平時想到就做，養成深呼吸的習慣。

接下來要做的練習是——

步驟2 將聽到的話「照字面」解讀

聽到對方說出「還沒好嗎？」這句話，以前的你可能馬上覺得對方在氣自己

「有夠慢！」心想「我得趕緊加快速度」，然後跟對方說：「啊，對不起。」不過，做了這個練習之後，就能懂得「照字面」解讀聽到的話，從容做出「嗯，還要再一下子，怎麼了嗎？」之類的回應。

以前聽到別人問你：「你也很喜歡吧？」總會慌張地找藉口辯解。懂得照字面解讀後，你就能用輕鬆的態度回應對方：「對啊，我愛死了！」

像這樣，因為具備情感免疫力，不會隨便感情用事，所以能夠像這樣單純直接，做出「不讓自己受傷的反應」。

▼步驟3 理解非常時期的免責、延期是理所當然的事，那是常識

然而，有些人自認背負著重大責任，對於外界的一切感到很有壓力，容易想東想西，例如，明明還在生病，卻擔心自己生病會耽誤既定的工作期限。

此時請告訴自己：「好好道歉總能解決。」「這不是多嚴重的事啦！」透過內心的悄悄話，修正腦中錯誤的記憶或定義。

認為道歉無法解決問題的人，總覺得自己會犯下重大過失，活得提心吊膽，

請對心裡的自己微笑，溫柔地安撫自己吧。

有了情感免疫力，就不會再被情感吞噬或動搖，並且懂得自己能夠選擇如何解讀、如何反應。「自主選擇」是本書的主題，也是讓你我發揮內在真正實力的關鍵。

本章針對接納情感的重要性進行說明，同時介紹提高情感免疫力的基礎練習，並建議你採取不同以往的反應與言行。

雖然是基礎練習，我認為效果相當不錯。

提醒各位一件事，時時留意、覺察心情是成功的祕訣。

現在的你已經煥然一新，不會再心碎受傷，能充滿活力迎接往後的人生。

放心吧，一切都會很順利。

「當然囉，我可以！」「我一定行！」為自己加油打氣，在日常生活中多多練習，你一定可以看到變化出現。

改變玻璃心的5個練習

≫練習01：心碎、不安、沮喪時，跟自己說：「這是很自然的反應。」

≫練習02：當負面的不悅情緒出現時，先別急著否定它

≫練習03：仔細品味不悅的情感，接納並認同當下的感覺

≫練習04：察覺氣氛沉重時，別急著炒熱氣氛，試著少說幾句話

≫練習05：不過度反應他人的言行，矯正主動朝「受傷」前進的習性

第2章

用全新方法接受你的情緒

──改變既定的看法與言行

本章將針對不同類型的個性或場合，
說明心碎受傷或煩惱的情況，以及如何應對的具體方法。

練習

06

OS》他看起來不開心耶……我該做些什麼嗎？

對他人的情緒，最好的應對就是「不急著取悅對方」

內心脆弱敏感的人，容易在意他人的臉色，這是出自體貼的心思，也算是優點之一。

相較之下，完全不懂為他人著想的人，必須經過一定程度的訓練才能學會。這麼說來，即便你的敏感體貼來自過往的痛苦經驗，例如從小常被父母責罵造成的心靈創傷，若能夠成為一種能力也算是件好事。我自己也是過來人，自小接受了嚴格的菁英教育，如今想來，未嘗不是一件好事。

不過，有時候愈想取悅對方，反而讓對方愈不開心，這下可就傷腦筋了。

因此，今後你可以進行的練習如下——

▼步驟❶ 別再急著想辦法取悅對方

就是這麼簡單。以往只要看到有人心情不好就會想要轉移話題，試著逗對方笑，今後若遇到相同情況，先別急著取悅對方，你可以這麼做——

▼步驟2 仔細觀察，如果自己不取悅對方，對方會有怎樣的反應

遇到有人不開心，仔細觀察「如果我什麼都不做，他會變得怎樣？」記下當中的變化與結果。不過，千萬別盯著對方猛瞧，以免他惱羞成怒。保持鎮定，一邊觀察對方一邊做自己的事，盡量表現得自然輕鬆。

假如，對方令你感到相當不安，不妨試著這麼做——

▼步驟3 深呼吸、輕撫胸口，告訴自己：「你很不安吧，這種感覺很自然，沒事了。」

充分體會自然的情感，試著接納並認同那樣的情緒。

這麼做的時候，你會發現自己愈來愈能淡定面對「不去理會對方不開心」的時間。

重點來了！為了突破以往的惡性循環，你必須製造新的起點，這可說是最關鍵的分歧點。此時你必須明白一件事，**重點不是「對方正在不開心」，而是「眼前有人不開心令你不安，無法接納不安的情感，就是造成惡性循環的根源」**。

此時，你「因為不安而不自覺表現出來的言行」，正是造成惡性循環與否的分歧點。這就是序章提到的「自我設限」。

透過以上的練習，學會在一定的時間內先保留自己的情感，就能提高你的情感免疫力。當你採取不同於以往的反應或言行，對方的態度也會跟著出現變化，簡直是一舉兩得。

這裡的練習重點是，接納不安的情緒，採取不同以往的言行，提高你的情感免疫力。試過之後，當你實際體驗到「什麼嘛，不理會對方反而沒事」，接著只要反覆練習，讓自己習慣新的應對方式即可。

公司裡若有情緒化的人，不妨將他當作你的練習對象。能練習還有薪水可以領，簡直是太棒了。而且，透過這樣的練習，之後還能幫助你實現願望，真是好事一樁。

我們需要歷練的課題就在日常生活之中，活著，真是一件愉快的事情！

練習

07

OS》我是不是又說錯話惹人不開心了？

容易過度反省的人，試著「裝沒事」看看

你是不是經常覺得「自己很差勁」。

在意他人臉色或心情的人，習慣把原因歸咎於自己，老是提心吊膽，這種人有過度反省的傾向。

過度反省的人多半是自小父母管教嚴格或經常受到責罵。因此，兒時的親子關係經常會重現於現在的人際關係。這裡的「重現」意指，小時候面對威嚴的父親總是戰戰兢兢、毫無主見，長大後在戀愛或職場關係上，也會像兒時面對父親

那樣，十分在意對方的臉色。像這樣必須抹滅自我、徹底服從才能成立的人際關係，就是兒時親子關係的複製。這樣的人開口閉口老是「對不起、對不起」，必須看到對方的好臉色才會安心，在這樣的相處模式下才能感到心安。

雙方相處融洽的時候倒還好，但是公司的前輩或上司、戀人難免會有不耐煩的時候。

一旦遭遇這種狀況，他們就會手足無措，愈發煩惱，陷入惡性的循環。

想要擺脫、突破那樣的惡性循環，你只須改變想法或言行即可。只要改變造成惡性循環的行為模式，結果自然會改變。

有過度反省傾向的人經常會想「我有沒有說錯話／做錯事？」「我是不是惹對方生氣了？」滿腦子都在想這件事。

他們會非常在意對方當下的反應，或下次見面時對方的態度如何。因為經常看他人的臉色行事，終究使他們失去了自我。此時必須採取的新行動——

▼步驟1「裝沒事」的練習

「你想太多了。」「你要再厚臉皮一點。」就算聽到別人那麼說，很多人還是不知道如何具體改善。其實，最實際的做法就是學會「裝沒事」。

裝沒事的時候，如果覺得心煩、忐忑不安，請輕聲告訴自己：「這樣沒關係，放心吧。」

另外，一個人獨處時、不小心出錯時，不妨這樣做——

▼步驟2 「OK啦！」「沒問題的！」對自己說悄悄話，以平常心看待

▼步驟3 即使有點在意也「不辯解」，下次與對方見面時，「絕口不提那件事」

進行這個練習後，時間久了你就能習慣「不理會」。不再做出道歉，確認對方有沒有生氣的行為，因為你已經明白到了「對方根本沒想那麼多」。

習慣「不理會」之後，你就不會老想著用道歉獲得原諒，藉以維持彼此的關係。心情變得十分輕鬆，進而發展出更自在的人際關係。

練習

08

OS》我明明是為對方好，為何他就是不領情……

吃力不討好的工具人，對旁人的煩惱「置之不理」吧！

有時候我們雖然有心改善煩惱或惡性循環的根源，卻因為過度順應他人，常使得自己進退不得、難過不舒服。

做事細心周到，知道怎麼做能令對方開心的人，總是樂於付出，在公司內的風評想必很好。不過，要是「過度配合」，無法對他人置之不理，最後就會變成任人使喚的工具人，為了不平等的關係而苦惱，或是因為外界過多的期待產生負擔或壓力，導致身心俱疲……這樣的情況屢見不鮮。

另外，擅長配合他人且個性豪爽的人，看似左右逢源，其實私領域的劃分卻很模糊，無法與人保持適當的界線或距離。他們自認為對方著想，卻在不知不覺中魯莽地打探、干涉別人的私領域，結果搞得彼此都很痛苦。這種人的特徵就是身邊親近的同性友人不多，因為他們不懂得以同等、平等的立場與人往來。

像這樣配合度高、過度順應的性格，缺點就是無法不管別人、對他人不能置之不理。造成這種心理的背景可用下圖來說明：

〈機靈周到〉↓〈討人喜歡〉↓〈左右逢源〉↓〈配合度高、順應性強〉↓〈獲得好評價〉↓〈安心〉

可是，他們的內心其實也存在著不安，只是自己渾然不覺，一旦進行心理治療就會知道，這類型的人生性溫和卻容易被他人否定，心靈的創傷轉變為自卑感，拒絕接受真正的自己。因此，他們往往會強迫自己振作起來，結果對別人的問題也無法坐視不管，總是習慣替人操心，甚至為對方付出。之所以會如此，是

習慣「不理會」之後，你就不會老想著用道歉獲得原諒，心情變得十分輕鬆，因而發展出更自在的人際關係。

因為他對真正的自己缺乏信心，成長過程中缺乏被人真正信任、關懷的經驗。

假如你覺得自己也有那樣的傾向，請試著這麼做。

別人的事情不要插手，對他人的問題刻意視而不見、置之不理。也不用刻意觀察或窺探別人的問題如何發展。

也許有人會想「這麼做，假如情況變糟怎麼辦」，當你出現這樣的念頭，更要提醒自己「別妄想干涉別人！」無法對別人的問題置之不理的念頭，會使你不知不覺做出過度干預他人的侵入性舉動，請務必多加留意。

每個人都有自己處理事情的做法，結果好壞當事人說了算，若能靠自己解決問題，對那個人而言也是很珍貴的經驗。有些事情必須親身體驗過，才會發現先前未察覺到的事情。

攬下別人的問題，並不是為對方著想。
你沒有必要、也沒權利扛下別人的責任。

懂得對他人放手，保持適當的距離默默關心，表示你信任對方的能力。唯有懂得信任他人，你才能夠信任自己。

能夠信任身邊的人、心愛的人是多麼美好的一件事。

而且，懂得放手的藝術，這才是自信。

你的世界將會因為信任而更加耀眼。

練習

09

OS》那個人批評我，我再也不要跟他來往！

完美主義的人要時時提醒自己「差不多就好」

有完美主義傾向的人，看待事物的眼光很極端，不是零分就是滿分。

對他們來說「不全則無」（All or Nothing），沒拿到一百分就等於是零分，基於這樣的想法，就算拿到九十分也沒有意義，因為九十分不是滿分。他們眼中只有零分和滿分，非黑即白。明明拿到九十分或八十分，卻覺得自己「很糟糕」。

因為力求完美無缺，對於「應該這樣才行」的執著特別強烈，接受不了半點瑕疵或挫折等不安的因素，有時甚至會自暴自棄，覺得「如果無法做到一百分，倒不如別做」。明明自己為了這樣的理由不敢挑戰，批評起別人來卻毫不留情。

與人互動時，對方才說了幾句意見，他們就解讀為「被完全否定」，然後在心裡給對方打零分。有時甚至會不想再與對方往來，連見面都排斥。

若無法確認自己在對方心中是完美的滿分，就會覺得很不安。到頭來，這樣的人只能和自己可以完全掌控的對象往來。要是對方不符合自己心中「應該這樣才行」的思考模式就無法維持互動。

可是，要完全掌控對方幾乎是不可能的。一開始就覺悟這是不可能的事，反而對你是件好事。

聽到別人的幾句批評就認為自己被完全否定，這種人通常不易與人相處。個性內向怯弱的人會想「我果然和別人處不來」，於是變得足不出戶。另一方面，好勝倔強的人多半想取得主導權，儘管知道自己的毛病，仍以情緒化的態度控制對方，然後陷入自我厭惡。為避免這種完美主義傾向造成的問題，你可以試著這麼做——

▼步驟1 改持及格主義

放鬆要求，告訴自己：「六十分及格就很好了。」平常有空的話，多練習放鬆肩膀的力氣、深呼吸，用寬容的心面對事物。

▼步驟2 處理事情時，把「差不多就好」當成暗號

全心投入、不敷衍了事固然好，但別總是要求自己「要做就得做到完美」。以前的你若因為偶爾放鬆就給自己扣分，今後不妨鼓勵自己偶爾要鬆口氣，試著

要完全掌控他人幾乎是不可能的。一開始就覺悟這是不可能的事，反而是件好事。

用這種心態處理事情。

▼步驟3 **「這樣夠了。」「你很棒！」透過內心的悄悄話，提高自己的評價**

我們的理想目標應該是成為沉著穩定、笑容可掬的人吧。那又為何要吹毛求疵地指責自己、折磨自己，然後才懊惱「何必這樣消遣自己」。多給自己一些正面的評價，有助你打造一顆堅韌的心。

練習

10 常對自己說：「算了，無所謂！」該放棄時學會放手

OS》假如當時……說不定一切都會不一樣……

拚命三郎或個性頑強的人，有時能夠創造「化不可能為可能」的奇蹟。

然而，有些事就算你想改變也改變不了。若老是執著於「那時候要是再加把

勁，再多撐一下也許現在會有不同風景」，一直這麼想也於事無補。

在諮詢的時候，有時我會覺得對方應該放棄那件事，再撐下去只不過是強人所難。對方自己也表示：「我從小就被人說個性很固執。」

那股堅持到底的毅力本應發揮在好的方面，讓頑強的意志力化為成就事情的力量，卻偏偏用錯地方，執著於已經改變不了的事，搞得自己痛苦，也令周圍的人困擾。

動不動就提起往事或無法擁有的事物，只會讓別人覺得你很不成熟。

就像每天在餐桌上抱怨「我不是說了今天想吃那個！」老是發牢騷的父親，其實是在耍任性，是在向太太撒嬌。

以女性來舉例，就好比跟男友約好看電影，男方卻因為工作遲到，沒能趕上看電影的時間，女方因此碎念個不停，一直把「我很想看這部片欸」「明天就下檔了」掛在嘴上。若是個性溫和的男友，通常會低聲下氣地道歉說：「對不起啦……」但老是像這樣不肯罷休，對方遲早會感到厭煩。脾氣差一點的男友搞不好還會發火，搞砸約會的氣氛。

覺得自己有這種傾向，並常因此而煩惱的人不妨可以這麼做——

▼步驟❶ **練習忽視、鬆手**

讓時間沖淡一切，別在意，忘記它、隨它去。告訴自己下次還有機會，一定還有更好的緣分在等著自己，保持積極的想法。

▼步驟❷ **常對自己說：「算了，無所謂！」輕鬆面對懊悔的情緒**

練習用「算了，無所謂！」這句話消除你容易執著於某事的習性。

▼步驟❸ **把「你說的對」當成口頭禪，肯定對方說的話**

開車出遊時，偶爾會為了一點小事起口角，爭論「走這裡比較快！」「誰說的，一定是走那裡比較快！」別和對方硬碰硬，試著表示認同，告訴對方：「你說的對。」

當壓力或衝突減少，你會感到日子過得更輕鬆。心情放鬆了，你真正的實力或潛能就會源源不絕地湧出。

若在日常小事中發現自己有過度拘泥某件事的傾向，不如進行「放手」的練習，讓自己變得更自在愉快吧！

透過這個練習，你會得到一個大驚喜。你將發現，當你再次遭遇失敗的時候，心情反而比以往來得輕鬆。你將體會到人生中的重要真理：認同、接受且肯定周圍的人，也就等於是認同、接受且肯定自己。

認同、接受且肯定周圍的人，
也就等於是認同、接受且肯定自己。

練習

11

OS》別人都比我厲害，我根本比不上人家……

比較只會徒增煩惱，接受自己的不足，你會更輕鬆

動不動就想與人比較，造成自己心情低落或是自責，這類型的人其實相當地自戀。

舉例來說，有一群人正在聊天，當中的某人被大家稱讚：「你好厲害喔！」這時極度自戀的人馬上就會想「我根本比不上人家」，因而陷入沮喪的情緒。然後，覺得繼續待下去很痛苦，愈來愈不想和大家碰面，生活圈變得狹小，逐漸失去人生的樂趣。

老說自己「經常沮喪難受」的人，進一步了解後會發現，他們凡事總以「自己」為主，好勝心強烈，這種人通常是自討苦吃。

例如，生日時收到朋友親手做的禮物本該是件開心的事，這類型的人卻是立

刻想到「我都沒送過對方自己做的禮物」，莫名地心煩鬱悶。

若只是心裡想想也就算了，這種人總會將想法表現出來，顯得心不在焉或悶悶不樂。結果，送禮的人也會想：「現在是什麼狀況？」覺得很不自在。有些人甚至會懷疑：「他是不滿意我做的東西嗎？」因而感到不悅，覺得這人真是難相處，陷入人際關係的惡性循環。

過度自戀的人與過度反省的人有著共通的特徵——凡事以自己為中心，自我主義作祟，為此經常感到自責、沮喪低落。在他們看來，被人說是自戀或自我主義時也許會覺得很刺耳。但是，過於自戀與過度反省、怯懦、自我評價低落……正是導致種種煩惱的因素。

這時候，靜下心來想一想：「什麼事都扯到自己，無疑是給自己找麻煩，我非得這樣才甘心嗎？」重新認識情感、接納自己，之後反而會變得輕鬆許多。

別人縱然擁有你缺少的優點，但你不也擁有別人所沒有的優點嗎，這就是所謂的「個性」。

▼步驟① 練習「稱讚」自己

「你很棒！」「你做得很好！」經常稱讚自己，保持良好的自我評價。然後，試著把別人的事當成「無關緊要的事」。

▼步驟② 別在心中鑽牛角尖暗自和別人比較，將注意力放在此時此刻的話題或現實，享受當下的氣氛與情境

我經常用「意識的箭頭」來做比喻，當你和大家坐在一起聊天時，練習將意識的箭頭朝向周遭。

這麼一來，原本向內鑽牛角尖的思考模式，就會隨著意識的箭頭往外移，完全專注在「此時此刻」的對話狀態。

練習

12

OS》為什麼我一開口，周圍的人就突然安靜下來？

與人談話時，先聽完別人的話，別急著說：「我也……」

潛在的過度自戀結合了出色的表達能力，有時會讓人覺得「這人開口閉口都是自己的事」。出色的表達能力意指，腦筋靈活、口才流利，因為擅長說明，工作表現通常也很優秀。那是一種能力，那種傾向本身並沒有問題，那樣的人多半都具有超凡的魅力。

但是，未察覺自己有那種傾向的人，有時會被旁人誤解成「過度自信」、「自我中心」或「愛現」。自知有那種傾向的人，應該進行自我調整，讓周圍的人好好了解你的特質。

建議這種類型的人可以這麼做——

▼步驟1 仔細聽完別人的話，「別急著插嘴」

傾聽別人說話時全心「投入」，輪到自己說話時全力「付出」，兩者必須明確區分。

步驟2 談話過程中，減少「我也……」的發言，少說關於自己的事

這麼做是為了不讓對方覺得被你「搶話」。

步驟3 練習表現得「普通一點」

這是培養謙虛與協調性的練習。請多留意這個部分。

大部分的人都認為，個性消極且負面思考、不擅溝通的人應該有很多煩惱；相對的，經常成為話題主角的人看起來無憂無慮。

的確，那樣的人很少因為無法溝通或表達而苦惱。可是，如果不明白這種傾向背後的問題，即使擁有了社會地位，身邊也留不住人，沒有長期往來的親近友

人。或是明明很有能力卻被公司解僱、調到不合適的部門，諸如此類的情況其實屢見不鮮。

練習
13

OS》為什麼在外不如意，我總把氣出在家人身上……
試著對外人說：「NO！」別再扮演百依百順的「好人」

有些人表現得很謙卑，內心卻有著強烈的控制欲，這類型的人是「脆弱與強迫」兼具的極端性格。

照理說，太過逆來順受而吃虧的時候，事後回想起來會覺得很火大，但情感免疫力極低的人，反倒容易漠視自己的感受，轉而遷怒於家人，動不動就對家人爆粗口。基於心裡的罪惡感，在外人面前又會裝出一副乖寶寶、好好先生／小姐的模樣，反而搞得自己壓力很大，為了逃避那樣的不悅感，在家總是對自己人發洩壓力。

「唉，我怎麼又來了……」心裡雖然那麼想，但就是控制不住自己的脾氣，情緒陰晴不定，心情時好時壞，更不易察覺那其實是一連串的反彈。

在那種情況下，解決問題的關鍵在於，當事人是否知道「困擾」自己的事情為何。

「我簡直是雙重人格」「繼續這樣下去，可能會離婚」「再這樣下去，大概結不了婚」「這樣會對孩子造成負面影響」……等，像這樣意識到這種心理狀態會造成嚴重的問題很重要。有了危機意識才能認真面對自己的心，當反彈出現的情況，自然會主動覺察並觀察自己的感覺。

有這種傾向的人，試著用「稍微」折衷的方式，調整以往針對人或場合變成雙面人的態度。

對外不再扮演百依百順的好人，試著說出真正的想法。別再一肩扛下所有事，果斷地拒絕別人請求，或是試著向人尋求協助，逐漸改變自身的言行。在家的時候，如果忍不住想爆粗口或亂發脾氣，可以先離開現場，回房間冷靜一下或是出門走走。這時請別忘了最基本的深呼吸，並對內心說悄悄話。

你會發現，這麼做之後原本極端的尖銳矛盾性格漸漸變得圓融一致。即使發生像坐翹翹板般搖晃傾斜的不穩定狀況，也不會再像以往那樣一股腦地失控暴走。

關於這點，各位可從本書介紹的各種場合的對策得到具體的建議，請試著多多嘗試。

有了危機意識才能認真面對自己的心，自然會主動覺察並觀察自己的感覺。

練習

14

OS》在意細節無法坐視不管，總是讓我覺得很不安……

容易被細節束縛的你，深呼吸告訴自己「差不多就好！」

強迫症的典型症狀有：花很多時間洗手或洗澡、打掃等的「不潔恐懼症」、出門後又跑回家確認有沒有關瓦斯、關門窗的「確認恐懼症」。另外還有，看到神社廟宇就想進去拜拜的「迷信恐懼症」、堅信特定數字會帶來好運……等。

這些強迫症的症狀都是出自心底的不安。其實，很多人都有心理創傷，例如曾經遭受到體罰。話雖如此，一旦查覺到在意的事情，「無法坐視不管」「過度在意細節」也是人之常情，好比寫電子郵件時，因為想不到委婉的字眼，導致信件遲遲無法收尾。

假如遇到那種狀況，建議可以照以下的步驟做──

▼步驟1 告訴自己：「差不多就好！」

養成深呼吸的習慣，你就會察覺到現在的自己快被細節困住了。

步驟 2 當機立斷是好事

要是老毛病又犯了，開始在意起細節、被細節困住時，告訴自己：「根本沒差啦！」趕緊著手進行下一步。

只要改變心態，無論遇到什麼事你都能變得幸福！
現在你的人生正朝著美好的方向前進！
所以，放寬心、差不多就好，別計較太多！

練習

15

OS》勇敢表達意見，旁人卻說：「你到底想說什麼？」

遇到瓶頸時，先試著暫離當下的狀態

必須提出想法或做出成果的時候，難免會碰到卡關或遇到瓶頸。

這時候，大腦會處於腦鎖（brain lock）狀態，就像上了鎖似地解不開。

為了達成某個目的卻遇到瓶頸的時候，建議你可以這麼做——

▼步驟1 暫離當下的狀態，讓大腦休息充電

暫時忘記那件事，出門散散步或是慢跑、睡個午覺、聽聽音樂、看看漫畫或電視、做做菜……等，做什麼都好，重點是遠離當下的狀態，讓自己轉換心情。

工作上有時必須與人合作完成某項任務時，「我好像有點卡住了，休息一下好了。」這樣的想法是很正常的。雖然有點難說出口，但這並非壞事，反倒是個

很棒的提議。

要是覺得自己的立場不好開口，也可以試著像這樣提出建議：「不好意思，大家要不要休息一下呢？」「先休息一下好了，說不定會有新的想法……」

聽到你那麼說，其他人也許會附和：「是啊是啊，那就休息一下吧！」

情侶或夫妻之間認真討論某件事時，往往一心只想著必須「趕快做決定」，偏偏選項很少，總覺得這個不太好、那個也馬馬虎虎，遲遲找不到折衷方案，於是陷入瓶頸。這時不妨問問對方：「要不要出去走走？」「我看這件事先暫停討論，我們去吃點東西吧。」

這麼做絕非逃避現狀。只要心裡有「我想做」的欲望、「我要做」的堅定信念，你的能量自然會朝著既定的目標啟動，意志會告訴你：現在該做什麼，該往哪個方向，幫助你展開行動達成目標。

當你覺得腦袋打結、遇到瓶頸時，請別強行硬闖或試圖回到原點。

只要你「相信自己」，即使不小心繞了遠路，最終還是能朝著原定的目的地前進。

另外，若是輕微的強迫症，可能會出現的情況有：比起主要議題更在意細節的正確性、話題的前提過於冗長、細節交代得過於瑣碎詳細……等。

如果有那樣的傾向，跟你對話的人可能會覺得「到底想說什麼啦」，表現出不耐煩的態度。抑或是為了補充說明而打斷談話，結果被對方臭臉相向。有時候，對方會挑明地說：「所以，你到底想說什麼？」「你講話很沒重點欸！」讓人聽了很難過。

如果平時有這種狀況，你要留意的事情是——

▼步驟② **練習用「差不多就好」的態度處理一切**

▼步驟③ **別人不小心說錯話或記錯事，只要不影響話題的重點就不是什麼大問題，練習「保留發言」**

▼步驟④ **盡可能簡潔地回答對方的問題**

這麼做或許有點偏激，若是只用「Yes」或「No」就可以回答的問題，試著只說「Yes」或「No」就好。

練習

16

OS》為什麼我跟別人相處總是覺得很緊繃？

降低自己的防備，對方也會降低防備

允許自己「再輕鬆一點」，接受以往討厭的自己、懂得更愛自己，當你改變這些言行舉動，你會驚喜地發現周遭的人也跟著改變了。

工作能力優秀的T小姐，在人前總是表現得很完美、毫無缺點。然而，這樣的她卻覺得不少同事「難相處」。

後來，她開始試著改變想法，告訴自己「就算有缺點也沒關係」，漸漸學會包容自己。某天，當她面對原本覺得難相處的人，鼓起勇氣說出真心話，對方竟回應：「謝謝妳告訴我，其實我也有那種感覺。」對她開誠布公地說出心裡話。

對此，T小姐是這麼說的：

「一直以來我和對方都處於彼此牽制的關係。不過，現在我明白了，只要我降低防備，對方也會那麼做。」後來，她在公司裡不再覺得神經緊繃，或是把同事當成競爭對手。

放鬆自我，保持平常心，試著稍微改變對他人的態度吧。生長於先進國家、接受過學校教育的我們，總希望在人前擁有良好的形象，不希望自己差人一截。在這樣的環境下，平時難免會「不懂裝懂」、「不會裝會」，把日子過得很累。

多表現自然的一面，當你放鬆時，周圍的人也會跟著放鬆。試著讓自己擁有更多這樣的經驗吧。

▼步驟1 有不懂的事就問，不要裝懂

▼步驟2 試著說出真心話，或是平時內心對他人的感謝

步驟3 平常若有在意的事，例如想向某人道歉，試著坦率地說出來

「你若不主動微笑，對方也不會對你微笑」，雖說如此，要是無法接受自己，強顏歡笑在他人眼中看來，只會覺得你很可怕。

不過，如果你願意包容真正的自己，告訴自己「那樣也沒關係」，下定決心要變得更輕鬆、更幸福的話，就能展現真實的自我。做自己的盟友，讓自己變得輕鬆一點的話，面對以往視為對手或覺得難相處的人也會改變想法，開始把對方當成自己的盟友。

這就是「心生萬物」的法則。

你與外界的關係，正是你內在自我關係的倒影。只要改變自己，一切就會改變。

你與外界的關係，正是你內在自我關係的倒影。
只要改變自己，一切就會改變。

練習

17

OS》我試著照書中的建議去做，為何看不到成效？

用耐性與關愛對待自己，直到你習慣為止

前一章是以「接納情感」為主題，本章介紹了不同個性或場合的改善方法。只要針對符合你的部分積極進行練習，就能夠大幅減輕以往的壓力，使惡性循環逆轉成為好的良性循環。

不過，人生難免會有不順利的時候，但那都是可預期的事，千萬別為此心情低落。

人生就像是一場整頓心靈的旅程。就像整理亂翹的頭髮那般，明明早上已經整理好，中午照鏡子時發現又翹起來了，老習慣就是這樣，很容易故態復萌。

在此，有件事想拜託各位。

請用「耐性與關愛」對待自己，直到你習慣書中的練習。

現在的我們正處於重新形塑自我的階段。

照顧自己是人生的使命、義務與任務。別為了一點不順心就動怒或自暴自棄，多一點耐心與關愛，好好慰勞自己、讚美自己，積極嘗試能夠做到的事，逐步養成習慣。

即使遭遇失敗也請保持寬大的包容心，欣然接受那樣的結果。

正如每個孩子都是經歷小傷慢慢成長茁壯那般，只要想成自己是刻意體驗失敗，就算不順利也別自責。從反覆的失敗中獲取教訓，建立自己的風格，就是創造自我、創造幸福的正道。

擺脫煩惱或壓力的過程、實現自我的過程，猶如在波浪中前進一般，往往都是一進一退、搖擺不定。

「我真的甘願就這樣庸庸碌碌過一輩子嗎？」

「我要擺脫壓力，享受充滿活力、自由自在的幸福人生！」

大聲地向自己宣言，這股堅定的信念正是耐性與關愛的根源。

時而以母性的態度關懷撫慰自己，時而用父性的態度開導激勵自己，讓新的行為模式成為習慣吧。

你可以的！答應我，你一定可以做得到！

用全新方法接受情緒的12個練習

>> 練習06：對他人的情緒，最好的應對就是「不急著取悅對方」
>> 練習07：容易過度反省的人，試著「裝沒事」看看
>> 練習08：吃力不討好的工具人，對旁人的煩惱「置之不理」吧！
>> 練習09：完美主義的人要時時提醒自己「差不多就好」
>> 練習10：常對自己說：「算了，無所謂！」該放棄時學會放手
>> 練習11：比較只會徒增煩惱，接受自己的不足，你會更輕鬆
>> 練習12：與人談話時，先聽完別人的話，別急著說：「我也……」
>> 練習13：試著對外人說：「NO！」別再扮演百依百順的「好人」
>> 練習14：容易被細節束縛的你，深呼吸告訴自己「差不多就好！」
>> 練習15：遇到瓶頸時，先試著暫離當下的狀態
>> 練習16：降低自己的防備，對方也會降低防備
>> 練習17：用耐性與關愛對待自己，直到你習慣為止

第3章

善待自己，
並與人和睦相處的練習

——不再鑽牛角尖，把注意力集中在外圍

為什麼無法融入他人，總是感到有隔閡？

本章要介紹的是，在人群中感到痛苦、覺得被疏離的原因，

以及具體的解決方法。

練習

18

OS》上司只叫別人幫忙，一定是對我印象不好……

主動示好，對方就會覺得你是「能夠放心拜託的人」

有些人會為了職場關係來找我諮商，埋怨上司或前輩「對我印象不好」。當我問到為何有那樣的想法，大部分的人都是這麼回答：「對方只關照特定的某人，把我當空氣一樣。」「我就站在他面前，他卻叫別人幫忙做事。」的確，老是被那樣對待的話，難免會覺得「他對我一定沒有好印象」，心裡肯定很難受。

通常這時候，我會告訴對方我的兩個親身經驗，在此也與各位一起分享。

第一個經驗是，某次參加演講，我正準備站在大家面前說話時察覺到的事。上台說話，或多或少會緊張。雖不至於怯場，只要想到「今天有哪些人來」「氣氛會變得怎樣」，心中忍不住會既期待又緊張，我就帶著這般複雜的心情，上台開始演講。

站在台上說話時，可以清楚見到台下聽眾的反應。

有個人正朝我這兒看，邊聽邊點頭。那個人撐著下巴，呆望著天花板。喔，那邊那個人好像在嘆氣，雖然沒聽到，他看起來似乎頻頻嘆氣，而且不時把臉撇向旁邊……

然後，我赫然發現自己只對著邊聽邊點頭，或是會跟著我笑的人說話。

演講過程中，那個瞬間我深刻體會到「啊，原來如此！」也就是說，當我感到緊張不安時，自然而然只想對反應好的人說話。

其實，當下我也知道其他人沒看著我未必就是沒興趣，加上研習會是不少人參加的活動，對方或許是因為人多感到不自在。然而，我卻為了讓自己安心，只對有反應的人說話。這怎麼行！我趕緊提醒自己，用一視同仁的態度重新面對每位聽眾。

第二個經驗是，以前我曾在文化中心擔任茶道班的講師時發生的事。

下課後我在寫教學日誌時，學員通常會主動整理打掃，但那天是新學期，在場的全是新來的學員。大家都不知道東西該收在哪裡，所以我看到沒事做的人就交代對方該怎麼做。

當中有位學員一做完我交代的事，立刻拿著其他東西來問：「老師，這個要放哪裡？」

「那個要這樣收哦。」聽到我的回答，那人隨即笑著說：「是！」完成交代的事，馬上又接著說：「老師，我做完了！還有其他要做的事嗎？」表現出積極的態度，給人很有活力的好印象。

不過，有位學員做完交代的事就默默地坐在角落，靜靜待著。那時候大家都忙著整理，我也沒多去留意這兩人的差異。

等到整理得差不多了，我發現有個東西忘了收。

「得叫人收起來才行」，正當我那麼想之際，腦中浮現那位印象好的學員。當下，我恍然大悟「啊，原來如此！」

也就是說，在那一瞬間我觀察到自己一旦有事要拜託別人，總是不自覺地想找隨和、好講話的人。

當時我已是心理諮詢師，心裡很清楚那位默默坐在角落的學員並非不想幫忙，而且我大概猜得到，他在公司等場合老被當成「透明人」。既然如此，我不希望他來上我的課也有那種感覺，於是，我開口請那位學員幫忙：

「啊，這個忘了收。○○可以麻煩你收一下嗎？」

這兩個經驗的情況其實差不多，**人其實就是這樣，通常習慣找容易攀談的人。即使是像我這樣的專業心理諮詢師，也會想找「願意示好的人」，更別說各位公司裡的上司或前輩、學校的老師都不是心理分析的專家，自然更會想找「能夠放心拜託的人」幫忙，那是理所當然的反應。**

有人提議過，在團隊中擔任領導者的人應該接受這類的研習，我也認同那樣的想法，但這方面的研究尚未成熟普及。所以，我想再補充幾句，領導者也是會感到不安的「普通人」。

他們也有「玻璃心」的一面。

他們也害怕受傷。

為了避免受傷，他們才會不自覺地選擇能夠預測想法的對象。

≫他們看不到對方內心的想法，容易讓人感到不安

舉個例來說，當上司邊說：「這個拜託你囉。」邊遞出文件時，A小姐笑著回道：「好，我知道了。」或是「好的，完成後我會放在老地方。」

B小姐也同樣回答：「好的。」但聲音卻小得讓上司聽不到她的回覆。而且，她一直盯著地板，也沒主動伸出手。上司無法親手遞給她，只好擺在桌上後離開。

其實，B小姐心裡說不定也很煩惱。

「我是不是很顧人怨……」「A小姐開朗大方，大家都喜歡她，真令人羨慕。哪像我，走到哪兒都被嫌……」

她並非刻意對上司表現冷淡的態度，心中卻充滿那樣的感覺。

曾經有像B小姐這樣的人來找我做心理諮商，我告訴對方先前的兩個經

驗，接著一起討論往後該如何應對。

假設前例的那位上司一邊說：「拜託妳囉。」一邊遞出文件時，一旁有人個別拍下A小姐與B小姐的反應，事後重新觀察會有怎樣的發現呢？

忐忑不安的B小姐對自己很沒自信，老想著「像我這樣的人有資格待在這兒嗎？」對自己的評價很差。可是，影片中看不到她內心的反應，只看到她「低著頭不回話」，上司要遞文件給她「也不伸手去接」。

只看到外在實際舉動的上司漸漸感到不安。那種狀況，正如同我在講習會或茶道課只對反應好的聽眾說話、只拜託好講話的人做事一樣。

因此，那位上司才會經常找反應好的人攀談。不知情的B小姐，心中暗想「果然是我不好」，更加覺得自己被討厭，深陷喪失自信的惡性循環。

領導者也是會感到不安的「普通人」，他們也有「玻璃心」的一面。

假如只是老叫A小姐做事倒還好，有些上司甚至會發火怒罵：「妳到底想不想做這份工作！」「妳有什麼不滿嗎？不想做就給我滾！」

那樣的反應正是上司的不安達到臨界點的表現。

儘管影片裡看不到，上司的內心是這麼想的：「每次看到妳悶不吭聲，我就很不安。又不能不交代妳做事……可不可以稍微有點反應，讓我安心一點。」但是，從影片的外在言行卻看不到心裡的想法。

而且，上司不太能察覺自己的想法，等到終於受不了，為了消除不安，就會忍不住覺得「妳那是什麼態度！好好學學人家」，忍不住拿B小姐跟其他同事做比較。偏偏影片裡卻只看得到外在表現的這個部分。

由此可知，我們通常只能對看得到的、聽得到的部分做出反應。

≫積極改變你的外在表現，對方也會善意回應

小學或國中時期參加過體育社團，被學長姐或教練臭罵：「不要像木頭人一

樣呆呆站著！」「閃開啦，你很礙事耶！」因而留下心理陰影的人不在少數。

我也想好好努力啊，一想起那段往事就覺得難過委屈，加上這些人從小很少受到父母的肯定，不習慣積極回話，結果就被狠狠責罵，造成心理創傷，對自己更加沒自信，這是多麼令人難過的事。

此外，兄弟姊妹之間，總是有人比較活潑或文靜，或是功課比較好，覺得不被父母肯定的人，心中的自卑感可能導致對他人的不安或恐懼等傾向，生活過得很痛苦。

不過，藉由重播影片的模擬練習，重新聚焦並思考如何修正言行，光是那麼做你的世界就將有所改變。正如前例或我的親身經驗所示，各位已經知道，**自己的反應會改變對方的反應**。

感覺A小姐應該是從小受到父母疼愛，在良好的環境下長大，所以總是充滿自信，對一切感到安心。但影片裡看不到這些部分，我們看到的只有她說話的語氣或表情、肢體動作。

說不定A小姐也有過痛苦的經驗，煩惱糾結了許久才變成現在的她。當然，影片裡也看不到這個部分。

我之所以提出自己的親身經驗與重播影片的模擬，主要是想告訴各位，影片顯現的部分正是重點。**只要改變看得到、聽得到的部分即可。試著回想，平常的自己能夠改善的部分有哪些。想到就去做，做就對了！**

接下來，開始進入本章後半的具體練習。

練習

19

OS》該如何改善別人對我的印象呢？

放慢節奏，確實地一一回應對方，讓身體記住「從容」的感覺

通常只要改善打招呼或道謝的方式、說話音量的大小，周遭的反應就會變好，這其實是很理所當然的事。在人際關係上有強烈的不安或恐懼、因為在意他人的眼光，壓抑自己的情感，不光是有這些傾向的人，請各位也檢視一下自己，試著積極應用。

具體來說，首先是，用宏亮的聲音好好「回答」對方。接下來，進行加分應對的練習，像這樣回話：

「是，我知道了。交給我吧。」

「好的。那麼，完成後我再告訴您。」

練習加分應對之前的基本功是，打招呼與道謝。

「早安（您早）。」「請多指教。」

「（您）辛苦了。」

「抱歉打擾了。」「我先走一步了。」

「非常感謝您！」「承蒙您的照顧。」「謝謝您之前送的厚禮，讓您破費了。」

雖然有心想打招呼，若聲音小又含糊不清，對方當然聽不清楚。所以，請稍微提高音量，揚起嘴角、面露微笑。

這時候，確實做好「放慢節奏」練習的話，言詞與動作就會一氣呵成，感覺更加自然。請多多練習，讓自己徹底習慣。

學會「放慢節奏」，與人道別時，對方就不會覺得你好像急著想走。

我常看到有些人嘴裡不停向人道謝，身體卻朝著別的方向。要是光憑眼前所見，難免讓人覺得「欸欸欸，你真的有心想謝謝對方嗎」，若給人這種印象可就虧大了。

那些人並非心口不一，也不是不想感謝對方，只是還沒習慣如何「放慢節奏」或打招呼。不少像那樣節奏偏快的人，經常認為自己不適合待在某處，於是身體習慣性做出像在逃避似的動作。習慣「放慢節奏」之前，或許會覺得有些彆扭，請務必用身體去記住、適應那種感覺。

至於有戀愛煩惱，像是「老是交不到男朋友」「大家聚在一起時很開心，兩個人獨處的時候，就不知道該做什麼……」這些人多半給人打招呼很敷衍、態度冷淡的印象。其實，那樣的人只是覺得「沉默」的時間很尷尬，渾身不自在。

那種感覺表現在戀愛方面，搭別人的車回家時，就是一到家隨即下車，一副很想趕快離開的模樣。儘管嘴上說「下次見」，臉和身體早已朝向別處。

正如前文曾經提到，這樣的動作表現會令上司感到不安。戀愛也是如此，對方會很在意妳和他在一起時開不開心、妳對他的印象好不好。

「她是不是在躲我？」「這個人是不是討厭我？」氣氛太冷反而會造成這樣的誤會。男方心想「她好像在避開我」「我是不是被討厭了」，因為不安而猶豫著要不要再約見面。

女方的想法則是：「雖然約會過一、兩次，怎麼之後就沒進展了。」

不光是職場與戀愛方面，這個練習在各種場合都能進行，例如在便利商店或超市結帳的時候，或是在餐廳等場合。買完東西，聽到店員說「謝謝惠顧」時，看著對方的雙眼，說聲「謝謝」或「辛苦了」，然後態度從容地離開。去餐廳吃東西，店員送來餐點時，告訴對方「謝謝，請放在那裡」。像這樣，積極地在不同的場合讓身體記住那種感覺。

練習

20 OS》跟不上大家的話題，不知如何與人共處……

不善表達只會吃悶虧，透過言語或態度讓對方知道你的感覺

自我接受度極低的人總是會想「像我這種人有資格待在這兒嗎？」不知道如何與人共處，為此感到煩惱。

這類型的人，聽到別人的事而感動時，多半是默默在心裡感動，或是想著「跟人家比起來，我真是沒見過世面」，變得沮喪低落。又或是覺得「我都沒有了不起的事可說」「我老跟不上大家討論的話題」，搞得自己悶悶不樂。

在那種情況下，意識的箭頭聚焦於自己的心情，一直猛鑽牛角尖。但此時你的狀況就算拍成影片記錄下來，內心的苦惱也不會顯現在影片中。

到頭來，影片中出現的只有那個人「看起來一臉很無聊的樣子」。

其實，大家都很在意彼此的反應，周圍的人會覺得「他是不是覺得很無聊」「好像不該找他來」，有時甚至會說「（因為他）氣氛變差了」。於是下次聚會

時，大家就會猶豫：「還要再約那個人嗎？」

事後才知道自己沒被找去參加聚會的人，心裡會想「我果然被排擠了」，然後落入自我厭惡的惡性循環。

所以，將情感埋在心底，只會讓自己吃悶虧。養成習慣，透過言語或態度，多多向外表達吧。

那麼，應該採取怎樣的「舉動」呢？

▼步驟1 首先，練習把臉面向正在說話的人

在聚會時只想著自己的事，看在旁人眼裡會覺得這個人「心不在焉」，似乎心情不好。練習讓自己感覺「此時此刻」很快樂，自然能集中在當下與旁人的對話。看網球賽時，我們都是盯著左右移動的球對吧。練習時就像那樣，把臉面向聲音的來源。

▼步驟2 把臉面向正在說話的人，「揚起嘴角」點頭

清楚表現出你的「認同感」。這時候，記得「揚起嘴角」，這樣會讓你看起來像在微笑。**暫時忘記自己在人前不擅言詞，邊聽邊點頭，那樣的舉動對說話的人來說是很棒的反應，這一點很重要。**

別去在意心裡的想法，像是「大家都好會聊」「只有我的興趣和大家不同」。別被那些想法「牽著鼻子走」，積極地向外反應，充分做好練習。光是這麼做，你就能成為「傾聽高手」。

養成點頭的習慣後，試試看接下來的加分應對。

▼步驟3 邊點頭，邊出聲「嗯嗯」回應

其實這是很基本的事，點頭的同時，發出「嗯嗯」、「哦」的聲音，聽起來就像在說「是喔」之類的話。

這時候，適時地「放慢節奏」會讓對方覺得你是發自內心地認同。

▼步驟4 點頭＋簡短的正面話語

雖然心裡感動萬分，假如默不作聲或毫無反應，對方當然無法知道。這樣可是會讓你吃大虧喔。

「是喔（↑點頭）。哇啊，那真是太棒了。」（加分回應）

「哦，真有趣（↑點頭）。下次請讓我看看喔。」（加分回應）

加分回應的變化很多，請各位試著想一想該怎麼說。

漸漸習慣這些事後，你會發現以前覺得很彆扭，如今做起來反倒很自然。

假設偶遇許久未見的某人，聽到對方說：

「能遇到你真是太好了。今天真幸運！」

你可以這樣回應：

將情感埋在心底，只會讓自己吃悶虧。

養成習慣，透過言語或態度，多多向外表達吧。

「謝謝！我很開心，我對自己有點自信了！」

假如有人找你商量事情，請告訴對方：

「你一定行，我也會幫你。加油喔！別太勉強自己。」

和喜歡的人度過愉快的約會後，可以這樣告訴對方：

「今天託〇〇的福，我過得非常開心。感覺今晚會做好夢喔！開車辛苦了，回家路上請小心。」

假如對方帶你去很有趣的地方玩，不妨告訴對方：

「真的好開心！我還想再來！」

透過加分的回應，你就能達成目標，成為心中那種能言善道的人。

更棒的是，你的良好反應令對方感到安心，進而接收到來自四面八方的善意。所處環境的氣氛與人際關係也會接連產生變化。

各位有何想法呢？

到時候，你不再是從前那個老以為別人把你當空氣，覺得「大家都不喜歡我」的自己，你已經有了很大的進步與成長。

你一定辦得到。

你一定能如願。

試過一次，再試一次。反覆嘗試，養成習慣即可！讓自己變好是無須考慮的事，請多多練習。

練習

21

OS》我總是顧慮太多，不敢對人說出真心話……

避免含糊不清的語氣，清楚說完最後一個字

有件事說來有趣，當我們想要傳達某事或提出請求時，假如表現出畏畏縮縮的態度，結果多半行不通。可是，如果充滿自信、明明白白地說出口，或是輕鬆平靜地告訴對方，通常都會成功。

有些感覺親切隨和的人，看似與他人相處起來很自在，其實是因為不想傷害別人，所以總是無法說出真心話。

▼步驟1 試著練習「說完整的句子」

這是讓你把難以啟齒的話說出來的預備練習，好比跑步前的助跑。

例如，聽到你說「這個嘛……我要冰……」，「你要冰咖啡對吧」，有時對方會主動幫忙你下結論。這個時候，請務必說完整個句子，「請給我一杯○○」，清楚地說完每個字，練習自己表達結論。

我在進行個人諮商時，也常遇到話只說一半的人，這類型的人想必經常受到別人的幫助。不過，當事人本身卻因為母親強勢的干涉而苦惱。從小在那樣的母親管教下，或許是缺乏主見或主體性，長大後變成無法清楚表達意見的人，那究竟是母親造成的，還是後天形成的，這點就先不追究了。

總之，遇到話只說一半的人，我會暗中引導對方說出結論，像是問：「雖然是什麼？」「然後呢？／所以呢？」讓對方針對「然後呢？／所以呢？」的部分繼續說下去。

其實那是一種依賴心的表現，因為想依靠對方，才會受到別人控制。**千萬不要有自己只要話說一半，對方就會幫忙接話的依賴想法。**

▼步驟2 提問或請求、拒絕等不好意思說出口的話，練習說到最後

以往只要說「可是那天我……」，「喔，你沒空啊？那約下次吧」，對方或許會像這樣幫忙圓場。這種情況下，你應該清楚告訴對方：「不好意思，那天我已經有約了，這次就不參加了。」一字一字地說到最後。

以前只要說「這個部分我有點……」，聽到的人多半會主動接話，今後請試著這樣說：「這個部分有點不明白，可以請您再說一次嗎？」

不要只說「啊，那個時間我……」就停住，明白告訴對方：「那個時間我可能沒辦法講電話，可以請您留言給我嗎？」

試著以溫和平靜的語氣，確實表達想說的話。

如果突然要在公司或是對相處起來有些棘手的人那麼做，的確有點困難，那就試著把店員當成練習對象。假如還是覺得做不來，利用獨處的時候，回想老是沒講完的話、難應付的人或場合，大聲地說出你想說的話。對著鏡子練習也很有效。只要事先做足練習，實際遇到的時候就會比較容易說出口。

另外，「想太多」也不太好。

聽到別人說：「請坐那邊的椅子。」你卻偏偏站在椅子前不坐，或是指著擺在地上的拖鞋刻意問：「這我可以穿嗎？」這些都是想太多的舉動，反而顯得不自然。有時甚至會惹惱對方，請務必留意。

本章教你如何善待自己，同時與他人融洽相處的方法，在不抹殺自己個性的狀況下，建議你檢視並改善言行。

只要壓力減少，笑容就會變多——把這樣的變化當作指標，用耐性與關愛對待自己，抱持著參加集訓的心態持續練習看看，你一定會看到驚人的改變！

善待自己，並與人融洽相處的4個練習

>> 練習18：主動示好，對方就會覺得你是「能夠放心拜託的人」
>> 練習19：放慢節奏，確實地一一回應對方，讓身體記住「從容」的感覺
>> 練習20：不善表達只會吃悶虧，透過言語或態度讓對方知道你的感覺
>> 練習21：避免含糊不清的語氣，清楚說完最後一個字

第4章

練習不再當「老好人」

——不再討好賣笑、裝好人、過度拚命，從壓力解放自己

總是在意別人的臉色而「裝好人」，咬牙忍耐、勉強硬撐……
試著以真正的自己迎接往後的人生。

≫害怕被討厭而「裝好人」，反而讓人壓力更大

現在的你正逐漸遠離不必要的忍耐或壓力，時時笑容滿面，覺得很幸福。

本章要幫助各位改掉「裝好人、裝乖」的吃虧個性，以及累積壓力的「拚命三郎」作風。不過，真正的重點是，請各位在日常生活中的小事，養成重視自己的習慣。

「裝好人」或是有那樣的念頭，其實不是壞事。「希望別人對我有好印象」，也是很正常的想法。

可是，「希望留下好印象」「想當好人」的念頭過於強烈時，會變得害怕被討厭、被傷害。而且，在那種不安背後，如果曾有過被霸凌的經驗、被父母體罰造成的心理創傷，當事人會不自覺地勉強自己裝好人。

選擇那麼做的理由是：〈裝好人〉→〈希望留下好印象〉→〈不會受傷〉→〈掩蓋內心的不安〉，自認為有這樣的好處。

即使與人互動或溝通能力沒問題，一般人口中的「好人」，其實多半承受著人際關係的壓力。試著回想看看，你是否曾覺得「我都已經那麼努力了卻還是行

不通」，因而產生煩惱或壓力，這也是一種判斷基準。

練習

22

OS》有時覺得自己根本是吃力不討好的工具人……

戒掉過度為他人著想的多餘反應

只是聽到別人說「那好像不錯耶」，馬上就告訴對方「下次我買給你」、「我做給你」。

或是，看到某人抬起頭似乎在找東西，主動詢問：「你在找什麼嗎？」一副想幫忙的樣子。或者是對方話說到一半突然詞窮時，主動幫忙接話。

前述的傾向叫做**「多餘反應」**。體貼、機靈、熱心、腦筋動得快，這些都是優點，當然也不是壞事，日常生活中誰都可能那麼做。但是，**當慣了「工具人」，通常壓力也會跟著來**。而且，搶著接話有時會讓對方感到被催促，或是覺得和你聊不來。

有類似情況的人，請試試看其他做法——

步驟1 除了對方拜託的事，別主動說「我幫你」這種話

步驟2 維持以往的態度，但不要「出手幫忙」

步驟3 刻意不做任何反應或回答。練習不插手、不出聲

這些練習可以幫你避免遭受前文提到的「被牽連」。同時，保持彼此的精神自立，達成雙方的互信。做過練習後，你將一改過去幫人「跑腿」的低姿態，女性變得堅毅有氣質，男性變得穩重有自信。

而且，就算被對方說成多管閒事也不會太傷心難過，不再平白犧牲自己。對於別人的白目行徑也不會那麼煩躁生氣。

這個練習與其說是「做」的練習，應該說是「不做」的練習。當你忍不住想幫忙，覺得自己幫得上忙的時候，請先仔細想想，要是不小心幫過頭，一番美意反倒會造成雙方不開心。

練習

23

OS》總是包容我的那個人，突然變得很冷淡……

克服依賴他人的習性，懂得尊重他人，也是尊重自己

有些人和我約好進行個人講習卻遲到了十幾二十分鐘。起初，我笑著告訴對方沒關係，後來對方反而遲到更久，變成三十分鐘。

不過，他們總是說：「其實，我上班的時候不會遲到。」所以我問對方：「那要是一開始我生氣擺臭臉，你就不會再遲到嗎？」「也許喔。」對方這麼回答。

「可是，如果我真的生氣發火，你也會變得不想來了對吧？」聽到我那麼說，對方回道：「是沒錯。」

有趣的是，那些人的煩惱通常與自尊心受損的經驗或人際關係有關，例如在公司受到上司不合理的對待，或是父母管教過當、個性好而遭人利用……等等。

因此，當下我會告訴對方：「我不是討厭你遲到才說這些，只是剛好想到一個題材很適合你。」然後再接著說明。

也就是說，**儘管不覺得自己有差別待遇，那些人心裡會把別人分成可以敷衍了事的人，以及不能那麼做的人**。假如對方是遲到了會生氣的人，他們也會變得緊張慎重。若是能夠體諒自己的人，講白一點，就是好應付的人，他們常會表現出輕視的態度。好比去美容院等採取預約制的場所，很容易流露出稍微遲到一下也沒關係的心態。

要去事先預約的場所，明知會晚到卻沒連絡對方，這種情況很常見。然而，只要先改變自己的態度，即使沒對別人做任何事，奇妙的是，對方的態度也會跟著改變，以往的關係就會有所改善。這正是「改變自己，一切就會改變」的美好之處。

▼**步驟1 面對親切對待自己的人，給予最大的尊重與敬愛，別表現得太隨便**

▼步驟2 不要有縱容自己的心態，覺得「別人也是那樣啊，彼此彼此啦！」

克服依賴他人的習性，懂得尊重他人，也是尊重自己。這麼一來，別人對你的態度也會有所轉變，面對原本畏懼的對象將不再感到害怕。

以最大的敬意對待總是包容自己的人，這麼做將會提升你的價值，讓自己生活在尊重與敬愛的良好循環中。

當你忍不住想幫忙，覺得自己幫得上忙的時候，
請先仔細想想，要是不小心幫過頭，一番美意反倒會造成雙方不開心。

練習

24

OS》總是被他當成出氣包，我不想再配合了！
改變以往忍耐的做法，告訴對方你的底線

第二章曾經提到關於「強迫症」的內容，一般人口中的「好人」有時會過度配合別人，即使本身沒有強迫症的傾向，對身邊的親屬或經常接觸的人卻會出現那樣的傾向，著實令人困擾。

若是有明顯的強迫行為，像是一天要洗好幾次澡的「不潔恐懼症」，當事人也會強迫家人做相同的事。假如不照做就會抓狂發火，受到連累的家人因此身心俱疲，這在精神科是很常見的情況，稱為**「拖人下水」**。

這時候，當事人的治療固然重要，指導受到連累的家人如何處理，對當事人的治療也會有很大的幫助。

「設定界線」就是家人應該採取的應對方法。

直截了當地說，這是最後底線，不可以越線喔，像這樣制定規範，讓當事人

明確知道自己能對別人做的事的「界線」。

稍微離題一下，有些父母因為孩子拒絕上學很煩惱，孩子早上不起床就一直去叫醒他，那麼做反而會造成反效果，有時搞到孩子抓狂。不叫他，他就不起床，去叫他，他又不高興……

其實，這時候父母應該做的也是「設定界線」。告訴孩子：「以後早上我只叫你一次。」「除非是你拜託我，不然我不會再叫你起床了。」

這麼一來，以前總是叫不醒的孩子就會自動起床。突然舉出這個例子是為了讓各位更好地理解「設定界線」的用意。

因此，遇上被牽連的麻煩事，設定界線之後，明確地告訴對方，這是挺有效的方法。

直截了當地說，這是最後底線，
讓當事人明確知道自己能對別人做的事的「界線」。

不過，對於自己設定的界線表現出堅定的態度也很重要。好比前例，對孩子說完那些話後，隔天又隔天，孩子都沒有自動起床，這種情況下，父母當然會擔心。結果自己越線，跑去叫了孩子好幾次。為了避免變成那樣，還是暫時忍耐一下或是隨孩子去吧。

對方想要賴，在等我們主動投降。所以，我們更要堅定立場，使出「忍功」對付。於是，對方就會知道我們說的話是認真的，開始思考自己該怎麼做。

假設你有個很愛乾淨的家人，房間裡的東西只是稍微移動，他就會很在意。而且，老是嫌你把東西放錯位置，臭著臉自己重擺。照理說，一般人會覺得這樣的行為不太正常。雖然有那種感覺，但不善應付情緒化的人或是有過度反省傾向的人，為了避免觸怒對方，反而會配合對方。

開心哼著歌的時候，卻被對聲音過度敏感的家人臭罵一頓。明明是在自己家，還得小心翼翼地看人臉色，這種生活多累啊！對吧。

家暴不光是身體暴力，還有酸言酸語的言語暴力、故意大聲摔門等造成的精神暴力。為此所苦的人，應該就是沒有設定界線而受害。為了不讓對方覺得你好欺負，冷靜地告訴對方：「你嚇到我了，別再這麼做。」只要改變自己，情況一定會改變。

「我已經做到這樣了，要是你還不滿意，那你就自己做。」「你想做什麼我都沒意見，但是請你不要擺臭臉。」像這樣明確讓對方知道，你也有舒服過日子的權利，不要隨便牽累你。這麼做很重要，這樣才是愛自己，讓自己變得幸福的關鍵。

》無法拒絕的「老好人」個性，讓人一再落入情緒爆炸的循環

從事排班制的工作，經常被要求調假或是幫忙代班，心裡氣憤又難過，卻偏偏拒絕不了，很討厭這樣的自己。因為承受不了那種壓力而換工作的人不在少數。有些人甚至覺得職場的人際關係很麻煩，寧願做派遣工作。原本想打份工賺點錢，卻為了那種理由不得不辭職。

有些人會刻意裝「好人」、扮演「好好先生（小姐）」，最後搞到情緒爆炸，只好辭掉工作，一再重複這樣的模式，連自己都忍不住說出「我好像被裝了限時炸彈」這種話。

那個「限時炸彈」的期限因人而異，有人是幾個月，也有人是一年半或兩年左右。但持續過那種生活，等於一輩子都得那麼過，豈不是浪費寶貴的時間。

有人可能會覺得，打工比較輕鬆，而且薪水也過得去，還可以做自己想做的事，這樣的人生很棒啊，抱持著這種想法，沒有固定的生活方式或價值觀。但持續那種生活的人也會有「將來想結婚」「想安定下來」的念頭。

但勉強自己「裝乖」、「裝好人」，等期限一到，原本穩定的關係隨之瓦解……既然如此，更應該下定決心改變這樣的模式。

不斷壓抑情緒，最後失控爆炸，和那樣的人詳談之後我發現，他們認為有耐性或個性好會顯得自己很有工作能力。

的確，那是很棒的優點，也是一種才能。雖然當事人覺得自己什麼事都做不久、想說的話說不出口，經常自我否定，為此煩惱。其實，那種勤奮的個性早已獲得好風評，在職場上也是如此，你應該對自己更有自信一點。

練習

25

OS》旁人老是要我幫忙，才拒絕一次就被擺臭臉……

練習拒絕的同時，也學著拜託別人幫忙

個性好又能幹的人經常受到請託。這是因為，周圍的人在不知不覺間對他們產生了依賴心。無所顧忌地傷害工作認真的老實人，一再逼迫對方，稍被拒絕就臭臉相向。

遇到那種情況，進行「成為拒絕高手（請參閱P. 162）」的練習很重要，同時進行成為「拜託高手」的練習，效果會更好。

善良體貼、做不出傷害他人的事、有耐性、工作時總是和顏悅色，那代表你具有成為領導者的素質。不過，你得克服因為過往心傷變得容易動搖、怯懦怕事的個性。

所以，**讓自己成為「拜託高手」，充分發揮領導者特質，自然會得到更好的評價，人際關係也會變得更好。那樣的經驗會讓你產生自信，進而與人建立親密的關係。**

當你默默埋首於工作時，一旁的同事卻閒著沒事做，當下雖然覺得很難受或很煩，卻還是耐著性子繼續工作。其實這時候，你可以這樣告訴對方：

「○○先生／小姐，可以幫我一下嗎？」

「○○先生／小姐，剩下的這一半可以麻煩你嗎？」

「我得處理這些，其他這些，有誰可以幫忙嗎？」

為了表現出不卑不亢的態度，練習盡量放慢速度、稍微加大音量，語氣委婉並提高語尾的音調。

練習

26

OS》對方真的太過分，我的忍耐要到極限了……

忍無可忍就無須再忍，該生氣的時候就要生氣

前文中提到，有些人情緒忍耐到了極限就會爆發，有些人被欺負卻是選擇躲起來哭。聽完對方的遭遇後，我告訴對方：「那時候，你應該要生氣啊！」「什麼，我應該要生氣……我可以生氣嗎？」有時對方會是這種反應。

「我以為不能生氣」「長大後，我從沒對人發過脾氣」，這樣的人不在少數。先前也曾提到，改變看法能讓自己不心碎受傷或生氣，但光靠進行心理治療並無法讓人徹底控制內心的不悅感。

因為難過、開心、生氣等情緒，好比春夏秋冬、東西南北的自然定律，那是極為正常且健康的心理反應，刻意壓抑、扭曲反而不正常。「老師是專家，所以您做得到」，聽到有人這麼說，我總是回答：「不不不，我沒辦法。」

遭受到無禮的對待，任誰都會感到氣憤。

「那時候，應該要生氣啊！」

然而，選擇吞下怒氣的人，心裡有著不能「生氣」、這麼做不好的想法。為什麼會那麼想？也許是小時候看到父母吵架又和好，或是見到父母對外人發脾氣，對自己卻很好，實際談過後，大部分的人確實都有類似的情形。

不可以吵架、不能生氣、不要惹事，這些自我限制在成長過程中變成自然的習慣，於是「該生氣的時候」卻隱忍下來，委屈地躲起來哭。

雖然憤怒的情緒是自然反應，但表達方式錯誤就會變得很有破壞力，多數人都不知道如何積極面對那樣的情緒，或是不懂得怎麼處理、缺乏勇氣，導致怒意經常受到壓抑。

其實，大家都很想釋放心中的憤怒。就拿電視節目來說，以「發火」或「毒舌」為賣點的藝人在節目上大放厥詞反而爆紅。觀眾之所以愛看，那是因為心裡有股壓抑的情緒想要釋放。

但有些人看到藝人在節目上發火，反而會覺得壓迫、不安。過去的我也曾如此。恐懼造成的排斥反應是兒時被父母責罵造成的心傷，或是自我厭惡、被應付不了的怒意刺激的證據。如果因為心靈創傷讓自己光看電視就感到害怕，最好接受專業的心理治療，也可先透過本書介紹的自我心理治療，釋放心中的憤怒。

▼步驟❶ 舉出至今仍耿耿於懷、令你生氣的事

閉上眼，試著回想常常夢到、想起來就很鬱悶的往事，藉由想像重新體驗。

▼步驟❷ 接納那件事產生的「憤怒」情緒

透過重新體驗，充分體會當時沒有好好體會的憤怒。輕撫胸口或腹部，告訴

不可以吵架、不能生氣、不要惹事的自我限制，在成長過程中會變成習慣，讓人「該生氣的時候」卻隱忍下來，只能委屈地躲起來哭。

自己那樣的情感「很自然」，細細領會並接納。

▼步驟3 釋放「憤怒」情緒的負能量

做十次左右的深呼吸，仔細感受、認同那樣的情感，趁著吐氣的時候一起向外釋放。深呼吸時，想像自己正在吸收來自宇宙的療癒之光，或是正在告訴對方：「恕不奉陪。」

▼步驟4 最後，想像在與對方對話，說出想說的話

這時候，不要用指責對方的語氣說「○○（人名），你為什麼那麼做？」「○○（人名），你這個人總是那樣」之類的話，而是說「我覺得很○○」，把「我」當成主語，說出自己的感受。

接著說，「請你○○」或「請你別再○○」，一字不漏清楚地表達你的期望或要求，最後告訴對方「謝謝你今天來見我」。

▼ 步驟5 若有補充聲明，留在最後一刻大聲說出來

「從今以後，我要成為○○。」「我決定了！我要讓自己變成○○！」像這樣發表個人宣言。當然，你也可以邊寫邊說，或是邊泡澡邊說。

為了能夠正確處理憤怒的情緒，具體地表達出來，請牢記這五點，往後覺得生氣時就進行這個自我心理治療。

≫學會自己保護自己

今後，當你有了想保護自己（愛自己、讓自己變得幸福）的念頭，或是覺得生氣、憤慨的時候，進行前文的自我心理治療，學會接納情感後，這將成為你的優勢。尤其是第四點的「說出想說的話」，能否應用在實際場合，這是關鍵。

想到要在實際場合說出口，內心難免緊張，彷彿血壓就要飆升，但「習慣之後」就沒問題。第一次說出口，那股忐忑不安的心情要過一段時間才會平復，強烈的刺激使精神變得亢奮。不過，之後你就會明白該生氣的時候就生氣，這是很自然正常的反應，那麼做比較好，雙方也能互相理解。

而且，就算身邊有人在生氣，你也不會像以往那樣感到不安，因為你已經有情感免疫力了。

應用在日常生活的時候，試著加入些許幽默感，藉以提升自我。

不過，做了這樣的練習並不表示一定得生氣、有話就要說。畢竟有些牽扯到利害關係的場合，保持沉默才是明智之舉。

可是，「生不了氣」與「不生氣」是兩回事，「不能說」與「不說」也是有所差異。

一旦心中有了能夠衡量是非的基準，即使彼此之間有利害關係，也能做出適當的判斷，不計得失、不顧先後，為自己、為正義「勇敢發聲」。

再者，採取行動前，必須要有覺悟的心理準備，做了之後也許會讓彼此的關係產生莫大的變化，也可能因此失去工作。但說不定之後能夠遇到更棒的工作，這就是機緣，有時表現真正的自己，反而能讓你體驗到何謂人生的轉機。

由於本書篇幅有限，自我心理治療只介紹了「憤怒」的部分，其實「傷心難過」、「委屈不甘願」等情緒也能以相同的步驟實際應用。

遇到不開心的事，不要刻意吞忍，勉強自己「別為了這種事懊惱」，而是告訴自己我有生氣或難過的權利，只不過現在我決定不這麼做。如此一來，你的心就會變得開闊輕鬆。

傷心難過、想哭的時候也一樣，不必忍住淚水，認為絕不能在人前哭，無論是悲傷的眼淚或歡喜的眼淚，哭都不是一件丟臉的事，能夠肯定自然的情感，想哭隨時都能哭，像這樣表現真實自然的自己，是多麼自在的一件事啊。

「生不了氣」與「不生氣」是兩回事，「不能說」與「不說」也是有所差異。一旦心中有了能夠衡量是非的基準，也能為自己、為正義「勇敢發聲」。

練習

27

OS》壓力好大！如何才能從壓力解脫呢？

給自己一段「什麼都不做」的時間

過度拚命或忙碌，導致身心發出哀嚎，你也有過這樣的經驗嗎？

參加太多活動而累積疲勞，或是覺得壓力大的人，多半會有「該怎麼做才好」的想法。之所以會那麼想是因為，現代社會充斥著太多「要對付這種壓力，這麼做就對了！」的資訊，使得人們認為應該「做些什麼」才能處理、解決問題。

別再被那些資訊洗腦了！

最好的療癒方法，莫過於休息與靜養。

另外，愈勤奮的人愈容易累積壓力，也因為那樣的個性，什麼事都不做會讓他們有好像在偷懶的罪惡感，無法好好休息。

因此，必須換個想法，想成你要完成的任務就是「不做任何事」。

▼步驟1 設定「不做任何事」的日子

制定一個「嚴禁做事日」。

假如覺得自己好像在偷懶、彷彿聽到心裡在說：「別那麼懶散！」不妨把這一天當作「進行『不做任何事』課題的日子」。

▼步驟2 提醒自己，我正在做「不做任何事」的練習

我本身也有養成定期實行的習慣。

▼步驟3 當天，就連「有幫助」的事都不能想

臉也不洗，穿著睡衣過一天，大概是這種感覺。

這麼說或許有點誇張，但就是要誇張一點，身心才能放心休息。換句話說，這樣設定才會讓人覺得總算可以放心休息。我們的確都太勤勞了，某種程度上，算是勉強自己硬撐度日。

儘管覺得有壓力，要是無法改變生活習慣，身心會開始疲乏，日後終將顯現出來。屆時如果搞到必須住院休養，還不如趁現在當成是住院一天，為自己設定什麼事都不做的日子或時段，這麼做不但能減輕壓力，也可以預防身心疾病。

練習

28

OS》過度忙碌，感覺身體快要受不了……

捨棄「該做些什麼才不會浪費時間」的欲望

壓力或忙碌導致身心發出哀嚎，明知自己就快撐不住了，還是這個也想做、那個非做不可，遲遲不肯休息或早點睡。我是這麼想的，那其實是一種貪念。

像那樣勉強自己，到頭來自食惡果，搞到身心不適，變得病懨懨，說穿了都是自找的。現代人常有的生活習慣病不就是如此。於是，醫師的「恐嚇」有時很管用，聽到醫師下的「禁令」，我們才會學乖，懂得自律。

因此，為自己設定什麼事都不能做的日子，讓身心遵從那樣的規定，我認為這種練習相當有效。

星期天之所以是假日，那是因為基督教的母體猶太教的「安息日」。據說神從星期天開始，花了六天的時間創造天地，到了第七天才休息，所以猶太教會在星期六休息做禮拜，那天是「不可以工作的日子」。後來，基督教也在耶穌復活的星期天休息做禮拜，也就是現在的「禮拜日」。

一九八一年，我開始在美國生活，當時許多店家及餐廳在星期天都沒開，令我相當驚訝。百貨公司週末的營業時間也比平常短，我記得下午五點就關門了。

赴美之初，我曾在餐廳打工，每到星期天，店家總會提早打烊，客人也很少，店內顯得空盪盪。到了聖誕節或感恩節，除了超商，所有的店家都關門休息，使我深刻體會到文化的差異，心想這就是基督教國家啊。不過，雖然街上很冷清，海灘倒是很熱鬧。

反觀同一時期的日本，六〇、七〇年代達到經濟成長的顛峰後，適逢所謂的泡沫經濟期，人們在星期天都會出門玩樂，正是賺錢的好時機。

處於經濟高度成長期的日本曾被美國揶揄為「經濟動物」（economic animals），原意是泛指有經濟價值的動物，之後被用來譏諷財大氣粗，單純追求金錢利益、物質享受的人。進入泡沫經濟期後，日本達成貿易順差，日本的企業開始收購美國的企業或大樓，對美國經濟造成威脅，於是美國出現了在週末仍營業到很晚的店家。

如今，全球經濟依然持續成長，人們卻無法再像以往那樣放鬆休息。

「既然是難得的假日」，出去走走、做點什麼，這不過是單純的欲望，而且社會上也充斥著煽動這種欲望的資訊。「這樣很浪費時間」的世俗觀念讓我們沒辦法好好休息。

以前我去做健檢時，心想反正得等一陣子，所以帶了書和音樂去打發時間。果然，注射完顯影劑後，護理師帶我去有床的房間，交代我「安靜待一小時左右」。正當我準備拿書出來看的時候，立刻遭到制止。護理師露出看似為難、略顯無奈的微笑，委婉地解釋：「請安靜躺好喔，安靜不等於休息。」當下我才明白「啊，原來如此」。

生活習慣病有很多，其實大多數是我們自找的。拚命過頭是自己想那麼做，面對美食或酒就失控、無法持續運動也都是私欲的表現。

所以，別再說「都已經那麼忙了，哪有時間閒在家」，也不要覺得難得的假日不做點什麼很無聊、糟透了，請養成放心休息的習慣。

當身心處於十分從容的狀態，真正的實力就會湧現。穩定協調的身心能讓你發揮具創造力的靈感或神祕的能量。

練習

29

OS≫每天都那麼忙碌，讓身心處於從容狀態談何容易？

寫下生活中不需要的人事物，確保享受樂趣的時間與空間

要讓身心保持從容，騰出空間的時間是很有效的方法。

你可以透過一問一答的方式，把想到的答案統統寫下來，這麼做能幫助你思考確保時間或減輕壓力的方法。請想想以下的問題：

▼問題①有沒有哪件事，其實不想做卻還是做了？

▼問題②有沒有哪個人讓你隱約覺得有壓力，要是沒有往來會很輕鬆？

▼問題③有沒有哪件事讓你覺得，假如不必做這件事，我會有更多時間？

▼問題④ 有沒有哪件事讓你覺得，假如不必花這筆錢，我就有多餘錢做其他事？

打掃房間或整理衣櫃時，哪裡有什麼全部一目了然，但時間不像衣櫃那般看得到內部。因此，生活與人生的時間裡存在著些什麼，應該捨棄哪些才能騰出空間，試著全部寫下來，你會得到各種領悟。然後，如果有可以立刻放棄的事，請盡快那麼做。

接下來的主題是，做真正想做的事，讓自己樂在其中的生活態度。這時候，為了避免被「不想做的事」佔用人生的時間，不如趁現在好好整理，預留充裕的時間。

練習

30

OS≫同事經常要我幫忙工作，簡直把我當工具人嘛！

設定「好人」底線，練習成為拒絕高手

爽快答應了別人的請求，結果對方認為交給你做是理所當然的事，之後全部丟給你，假如遇上這種令人頭痛的情況，你可以這樣告訴對方：

「我會做到這裡，剩下的就麻煩你囉！」

「如果有空我會幫你，這樣可以嗎？」

像這樣，練習用平靜的語氣告訴對方，這也是在表明你的底線。而且，必須要有「做到這裡的話」、「從這裡開始做的話」的基準線。

所謂的基準線是，當你察覺到自我壓抑或壓力、痛苦等感受時，就會知道它的存在。所以，體會負面的情感是重要且必要的事。肩膀放鬆、深呼吸，隨時傾聽內心的聲音吧！

此外，就算認為加班已是常態，也不要有「事到如今怎麼能拒絕」的想法，「啊，不好意思！我今天有點事，沒辦法留下來」，試著面帶微笑回絕對方。先試一次看看對方的反應，再慢慢地增加次數。

或是用幽默的語氣說：「啥？又是我喔？」「欸欸欸！我可不是那麼好講話的人喔！」像這樣以輕鬆的氣氛化解尷尬也是不錯的方法。

要是有推不掉的安排，像是家人住院了，你會直接拒絕對方對吧。就是因為沒有，只好勉強接受。今天想早點回家好好打掃家裡，覺得這點事算不上拒絕的理由，而且照常理說，對方也不會接受。這麼說或許有些極端，那樣的想法等於是輕視、鄙棄自己想做的事。

不過，說真的，以整理衣櫃為由拒絕同事反而很失禮。這時候，撒點小謊倒無妨，例如「我認識的人生病了，我得去一趟醫院」，只要心裡不覺得有罪惡感就好。

職場本來就是很複雜的環境，或許有人會覺得這麼做不太好，倘若一再接受請求，讓對方覺得那是理所當然的事，就會剝奪了你的時間。本書只是基於這樣的考量提出建議。各位請自行斟酌，應用在可行的情況。

練習

31

OS》我真是受夠他的自以為是了！真不想勉強自己……
沒必要勉強自己忍受無聊的人或事，直接離開、保持距離

不想再和自以為是的人往來時，必須要有可能吵架或斷絕關係的心理準備，和對方把話說清楚。「我受夠了你的自以為是，以後別再煩我」，與其這樣撂狠話，「那天我已經有約了……」像這樣委婉地拒絕對方，保持距離是比較理想的做法。

參加聚餐或聚會等活動，如果有大哥大姊級的人在場，最後總是得聽那個人炫耀當年勇或是長篇大論的人生大道理。要是不用聽那些該有多好，既然如此，「啊，不好意思，我今天要先走一步」，然後直接離開。看到你那麼做，「那，我也先告辭了」，其他人一定也會跟著照做。

有時在公司，工作已經做完，卻因為前輩或上司還沒下班，搞得自己也不好意思先走。這時候，由你開口：「我先回去了。」說完後立刻起身離開，這不是

什麼不能做的事。而且，通常這麼做之後，其他人也可以早點下班。

假如對方是舊識或老同學，「抱歉，我最近不太方便」，像這樣回絕續攤的邀約，只要再加上一句「對不起喔，老是拒絕你，不過下次還是要約我喔」，這麼說的話，對方就會明白「你是偶爾才能參加聚會的人」。

任何人都有變幸福的權利與自由。
沒必要勉強自己忍耐無聊的事物。

自己決定真正想待的地方、想做的事情，才能度過充實的生活。
即便是藉口，也不需要得到別人的諒解。
請養成習慣，主動去追求、選擇有價值的事物。

即便是藉口，也不需要得到別人的諒解。
請養成習慣，主動去追求、選擇有價值的事物。

》幸福取決於你想或不想的念頭

一般來說，出版社提出邀稿後，通常會指派一位責任編輯與作者合作。不過，某家出版社的責任編輯卻相繼辭職。

由於工作的關係，常有編輯私下向我諮商。據說那家出版社的編輯部，前輩和上司從來不休年假。「那，沒休完的年假怎麼辦？」我得到的回答是，就算會請喪假，但就是沒有人會請年假去旅行。

怪不得年輕的編輯會想走人。因為原本的責任編輯辭職，我想和新的責任編輯見個面，順便談談新書的事，連絡後才知道新的責任編輯也離職了。

另一方面，另一家出版社的責任編輯倒是經常四處旅行，享受各種興趣或經驗，次數多到讓人忍不住想說：「什麼？她又出國啦？」那位編輯點子很多，總是充滿活力。於公於私都過得很充實，對喜愛的工作能夠樂在其中（那位編輯正是本書的日文版責任編輯）。

現在的日本似乎分成舊體系的組織、團體與新體系的組織、團體。

基於國情，大部分的日本人都認為忍耐與勤奮是美德，對於享樂優先這種事有著強烈的罪惡感。正因為如此，父母過世的時候請喪假，別人才會說「辛苦了」「你很難過吧」，像這樣得到允許。

「不過是小孩子的運動會嘛，有必要請假嗎？」有些父親看到上司不悅的表情，擔心影響自己的升遷，從未參加過孩子的運動會。然而，對方若聽到「我太太得了癌症」，就會心生同情，說出「別太勉強自己」之類的慰問。

有時從平時與人的對話中也能感受到，想變幸福就得低調，開心的事或喜悅的心情最好不要表現得太高調。

相較之下，或許是建國歷史背景的影響，美國人非常重視「權利」與「自由」。以前，我去電信公司辦點事，處理的手續有些費時，當時負責的人說「請等一下」接著起身離開。我以為要等一會兒，結果對方帶了另一位職員過來，微笑著向我解釋：「今天是我和我太太的結婚紀念日，我們約好一起吃晚餐，所以剩下的事就交給這位了。」

負責交接的同事和我聽了，不約而同地說：「這樣啊，那真是恭喜你，

Have a good dinner！」笑著目送他離開。這種事有如家常便飯，多到數不清。

相同情況發生在日本的話，似乎會出現怒吼著：「我已經等很久了！」的大叔或大嬸。

這麼看來，日本人對於不好的遭遇會抱持著不得已、沒辦法而允許的態度，對好事卻無法允許，在精神方面仍受制於舊體系。

變得幸福就會有許多喜悅、笑容與滿足感，為此覺得內疚、刻意隱瞞反而是很奇怪的反應，若能用更開闊的心態去看待那些事，經濟、政治與教育也會有更豐富多元的發展。

由基層的人帶頭改善這樣的習性，在日本恐怕有困難。可是，一旦有人願意挺身而出，或是抱著姑且一試的想法去做，之後就會陸續有人跟進，營造出容易實行的氛圍，進而傳達至高層。高層的人也是普通人，他們或許也正期待著那樣的改變。

我想，閱讀本書的讀者當中，應該有擔任高階主管或中階主管的人，高層的人若能表現自由輕鬆的工作態度，底下的部屬也會感受到工作的價值，工作效率與職場關係也會變得更好。

練習

32

OS》面對別人的好意，我總是手足無措，顯得很笨拙……

別顧慮太多，歡喜接受對方的好意

明明應該說「謝謝」卻一直說「不好意思」，你也有過這樣的經驗嗎？

前文曾提到，個性好的人因為不懂得「那時候應該要生氣」而煩惱、困窘，其實一般人也是如此，而且有時還會遇到「那時候應該要高興」「要是開心接受就好」的情況。

今後想度過更輕鬆幸福的人生，並且已經下定決心的話，請重新回想你是否曾因為不習慣他人的親切或好意而封閉了自己的心。

▼步驟1 透過「不拒絕的練習」接受別人的好意

當別人想對你好時，你總是馬上說「啊，不用了」「沒關係」，假如有這樣的習慣，請試著改掉。

害怕給人添麻煩，擔心別人的好意白費，於是採取拒絕的回應。那正是「裝乖、裝好人」的習性使然，此時不妨別顧慮太多，坦然接受他人的好意。

▼步驟2 練習「歡喜接受」

看到你歡喜接受的反應，對方也會很開心。

得到好處並不是佔便宜或要不得的事。

能夠讓別人感到喜悅時，請歡喜接受那樣的機會。就算覺得「我自己做還比較快」，當下先別管誰的速度快、誰做得比較好，以感恩的心接受對方的好意。這麼一來，你會變得信任他人，同時也會更信任自己。這可是擴大信任與喜悅的好機會。

尤其是想被愛、想過得富裕的人，請確認以往的言行是否讓自己遠離了別人的好意，試著接受他人好意，讓身心牢記那種自在舒坦的感覺。

曾經有人問我，有時去逛服飾店其實只是想看看，「店員卻拿出一堆東西，我這樣是不是害對方白忙一場？」這時候，不妨先說：「我不確定今天會不會買，可以讓我看看嗎？」沒買東西準備離開時，「我只有試穿真是抱歉，謝謝你那麼親切招呼我。下次我還會再來的。」聽到你這樣說，店員也會回道：「請別介意，這本來就是我的工作。」愉快地目送你離開。

步驟3 「該開心時就要開心」的練習

平時感覺敏銳的人，看到別人為難的反應或是無奈的態度，就會覺得自己不該表現得很開心。今後遇到那種情況，請把握機會練習「這時候我應該要高興！」這一點很重要，這是避免落入負面的惡性循環，不再當回爛好人的重點。

不要以為自己必須像餐廳的店員那樣，不管客人點什麼都笑咪咪地說：

試著接受他人好意，
讓身心牢記那種自在舒坦的感覺。

「好！沒問題！」該說Ｙｅｓ的時候就說Ｙｅｓ，覺得開心就表現出來。太在意對方的臉色，搞得自己悶悶不樂，對方看了會想「我都已經答應你了」「我都照你說的做了，還有什麼地方不滿意」。所以，儘管表現你的喜悅，對方會認為那是極大的讚美。

做過這個練習後，或許你會發現自己從未主動追求喜悅，說不定還會原諒以前覺得愛耍心機、狡猾可惡的人。

沒有人能夠阻礙你的喜悅。

敞開心胸，好好地迎接喜悅！

≫把對自己的愛化為追求幸福的勇氣

本章針對重新檢視壓力、不再「裝」好人，以及如何讓身心與時間變得充裕的練習進行了說明。

在此，有件事想拜託各位。

那就是，「把對自己的愛轉換為勇氣」。

像是休息的勇氣、拒絕的勇氣等，改變舊思維或習慣時，總是需要些許勇氣，我想變幸福、一定會幸福，擁有堅定的信念與勇氣，採取行動做出改變。

為一直以來都很努力的自己加油打氣，為了改變自己，「只要是做得到的事，什麼我都願意」，以這樣的心態實踐改變舊模式的新言行。這時候，稍微鼓起勇氣，積極地去做，就會出現明顯的變化。

時不時問自己：「我有變好嗎？」「我有改變嗎？」我相信你的答案一定是Yes。

一切都是你的積極換來的成果。

想讓身體變柔軟而學伸展操，或是想穿足尖鞋而學芭蕾的時候，「要花多久時間身體才會變軟？」「要學多久才能穿上足尖鞋？」得到的回答是，每個月只學一次的話，或許得花十年，如果每天練習，半年或一年就能達成目標。

由此可知，達成願望的時間可長可短。所以，一開始我才會告訴各位「當成是在做加強集訓」。

實踐新模式的言行所需要的勇氣，源自對自己的愛，以及明確的欲望。

愛會讓一切變得可能。

為了幫助心愛的自己實現願望，請順從你的欲望、當下只考慮自己的事，採取必要的行動。話雖如此，只考慮自己的事並不是件容易的事。因此，當成在做加強集訓那般，專注思考自己的事吧。

你的期望就是神的期望。

若你能夠實現願望變得幸福，那將是整個宇宙的喜悅。

不再當「老好人」的11個練習

>> 練習22：戒掉過度為他人著想的多餘反應
>> 練習23：克服依賴他人的習性，懂得尊重他人，也是尊重自己
>> 練習24：改變以往忍耐的做法，告訴對方你的底線
>> 練習25：練習拒絕的同時，也學著拜託別人幫忙
>> 練習26：忍無可忍就無須再忍，該生氣的時候就要生氣
>> 練習27：給自己一段「什麼都不做」的時間
>> 練習28：捨棄「該做些什麼才不會浪費時間」的欲望
>> 練習29：寫下生活中不需要的人事物，確保享受樂趣的時間與空間
>> 練習30：設定「好人」底線，練習成為拒絕高手
>> 練習31：沒必要勉強自己忍受無聊的人或事，直接離開、保持距離
>> 練習32：別顧慮太多，歡喜接受對方的好意

第5章

受傷只是一種選項，別讓負面情緒綁架你

── 練習一切全由自己作主

人生有限，請別浪費寶貴的時間。
將「煩惱」轉換為「樂趣」，培養一生受用的習慣，
擁有嶄新的人生、豐富的生活。

≫不是別人傷害你，是你自己選擇了受傷

本章的主題是為了穩固「不受傷」良性循環應該學會的事。

凡事皆如此，在不知不覺間回到舊有的模式、習慣是很自然的事，而且很容易演變成那樣。因此，事先理解如何留意並察覺自己的變化，是培養全新習慣的關鍵。

我不希望各位看完這本書，只有「知道了、明白了、懂了」的感覺。光是那樣並無法改變什麼。

只要學會覺察的方法，再身體力行把從本書得到的知識變成習慣，你就能持續發揮真正的實力。那麼，我們趕快來學會這麼棒的訣竅吧！

首先，如果克服了「玻璃心」，會有怎樣的轉變呢？

你能夠用積極正面的心態看待事物。盡情做喜歡的事，事業有成，戀愛與人際關係變得更輕鬆自在……等，每個人的轉變各不相同。

想要趁早克服玻璃心，讓自己不再受傷，第一章提及的經常確認「是否有讓

自己受傷的念頭」「是否有讓自己受傷的思考方式」非常重要。

然後，制止自己朝受傷的方向前進，試著採取符合當下情況的想法或行動。

我在本書中一再強調，**各位可以選擇當下的看法與言行**，就像是每天自己決定要吃什麼、要穿什麼。每個瞬間你都能依自己的自由意志做選擇。學會如何運用你的意志，就能不斷地改變自己。

一直以來，你之所以容易受傷、過得不開心，是因為心理出現以下的反射性反應：

〈遭受惡意批評或對待〉→〈心碎難過、無力反駁〉

〈受到請託〉→〈無法拒絕〉→〈犧牲自己、產生壓力〉

從今以後，請握緊你的方向盤，面對任何狀況都堅定地想「我自己作主」「我自己決定就好」。跳脫以往的限制，持續選擇做自己，務必保持這樣的心態。自主意識是加速自我實現的最強手段，請牢記在心，時時提醒自己採用新的思考模式。

「我不會再成為受害者了！」停止讓自己受傷的情感接受方式，將自己的意志結合行動，跳脫以往的負面循環。

》過去的種種皆是你「不自覺」的行為

「我無意間（無意識地）做了……」這樣的話，大家或多或少都說過。

不過，以腦科學的理論來說，人只有在睡眠中、醉得不省人事或昏厥的時候才會處於「無意識」的狀態。

因此，「無意間（無意識地）……」這樣的話，正確的說法應該是「不自覺地……」。也就是說，以往我們認為是「無意識」的意識領域，其實只要有自覺就能察覺。

在我實行的「學實癒（學習、實踐、治療，saraag method）」療法中，為了與完全的無意識做出區分，我將這個意識領域稱為「非意識」。

過去選擇舊的模式就是一種非意識的行為。

並非無法控制的「無意識」自動做出令你困擾的行為，而是「非意識」沒能自主選擇。從今以後你可以盡情地自己做決定。逐漸累積經驗，你就會明白自己能夠創造人生。

》好結果與壞結果，取決於當下你做出的反應

這世上的一切都有「因果」關係，所有結果皆有其起因。

例如，情侶之間總是為了小事爭吵不斷。

每個瞬間你都能依自己的自由意志做選擇。

學會如何運用你的意志，就能不斷地改變自己。

〈對方說了很過分的話〉↓〈難過傷心、生氣不爽〉↓〈故意擺臭臉〉↓〈對方惱羞成怒〉

以上〈○○○〉↓〈○○○〉整體的串連就是各個原因與結果的連鎖效應，前面的因導致出後面的果。

不光是戀愛方面，各種場合都是如此，其實不只是負面的結果，正面的結果也是依循這個因果法則。

然而，我們無法改變對方。對方會為了什麼事（原因）有怎樣的反應（結果），都是對方的自由，對方有選擇的權利。但對於新的原因，我們可以選擇如何反應。我們的反應將成為影響對方反應（結果）的起因。

對方新的態度、反應起因於我們先前的態度、反應，且多半是不自覺的行為。也就是說，當我們採取不同以往的態度、反應或言行，對方就會出現不同的反應。

說了這麼多，或許有人會想：「可是，那時候會受傷對吧？」「是對方先說了過分的話不是嗎？」

沒錯！但那些感受都是你先入為主的想法。這種情況下「應該」會受傷、「說這種話的人很過分」，像這樣判斷好壞的成見與既定觀念困住了我們，以「理所當然」的舊模式做出反應或言行。倘若造成了不開心的結果，豈不是遺憾。

例如，當對方做了違反約定的事，你會不自覺地生氣或責怪對方是吧。看到你的反應，對方也不甘示弱地回嗆「我也沒辦法啊」。然後，雙方就會一如往常地開始吵架。

要是下次又遇到相同情況，請嘗試看看新的模式。裝一下也好，試著笑說「啊，真可惜。那下次你要補償我喔」。這麼一來，對方也會回應「OK、OK，我一定會啦」。

「現在說不定是關鍵時刻，我得鼓起勇氣！」這個瞬間所做的選擇，正是在考驗你的真正實力。好比用盡全力推開新的命運之門那般，這麼形容一點也不誇張。

就算下意識想採取以往的模式，依然堅持到底做出新的選擇，產生了不同以往的好結果。不少人實踐過後喜孜孜地跟我分享：「太誇張了！以前從不道歉的人，這次居然向我低頭認錯！」聽到對方說「多虧有老師幫忙」，令我感到十分榮幸。不過，說到底其實是他察覺到自己的潛力，發揮了實力與意志力，那才是最大的關鍵。

這正是序章曾提到的，我們身上有九成尚未發揮的能力或潛能。有了這些初步的理解後，慢慢地累積練習，今後你一定會變得更幸福，所有的大小事皆能如你所願。

≫與其勉強自己改變情緒，不如先調整言行

本書提供了希望各位實踐的具體練習，然而有時還是會因為不安或難過傷心等情緒，而無法改變言行。

根據因果法則，在那種情況下無法引導出新的結果、幸福的結果。

那麼，要是被負面的情感控制住，該怎麼辦才好？首先，如第一章的練習曾提到的，認同「不悅的情緒」是自然反應，好好地感受、體會，然後選擇「真正應該採取的行動」。你可以維持原本的情緒，先從外在言行改變即可。

為了讓各位了解那麼做並不難，請試著想一想，回答以下的問題：

「讓超差的情緒立刻轉換成超棒的情緒」以及「立刻舉起右手，說ＡＢＣＤ」請問哪一個比較簡單？

相信各位都會回答：「舉起右手，說ＡＢＣＤ。」

這就是序章所說的改變言行比改變情緒簡單。

不管當下情緒如何，我們都能舉起右手，說「ＡＢＣＤ」。一旦啟動自己的意志，大腦就會透過運動神經對身體下指令，所以能夠輕鬆辦到。

因此，只要應用這個方法就能避免「不悅的情緒」不自覺地變成「厭惡的表情、態度」，因此陷入惡性循環。

那麼，請將「舉起右手」的動作換成揚起嘴角。
光是這樣，你的表情就已經改變。
把說ＡＢＣＤ換成想說的話或拒絕的話。
光是這樣，你已經改變了以往的舊模式。接下來就會產生新的原因與結果。
做出不同的反應，結果自然會改變。你做的新選擇將會導出新的好結果，這一切都是你自己爭取來的。

許多有煩惱的人為了改變現狀，總是認為得先處理好內部的「情緒」。想讓自己笑，必須先改變情緒。因為情緒差，所以笑不出來，因為情緒差，所以什麼事都做不了。不過，本書要告訴各位的是，**請暫時擱置情緒，採取會帶來好結果的言行，這比什麼都重要。**

要成為理想的自己，唯有讓自己去適應。
適應↓習慣↓達成目標，你必須經歷這樣的過程。
你一定做得到，就算不小心出錯也沒什麼大不了的。假如十次當中可以做到一次，之後就會變成兩次，只要持之以恆地做下去，次數也會逐漸增加，因為你已經養成習慣。

如同前文的伸展操或學芭蕾的例子，時時提醒自己，積極且持續地做，直到會為止。

日後回想起來，你會發現此刻的自己與「那時的自己」簡直判若兩人。持續累積練習，讓自己樂在其中，正是通往幸福的不二法門。

》勉強自己消除「不悅的心情」，正是造成惡性循環的根源

「得想辦法解決這個情緒」，這種想要消除負面情感的態度，在以治療精神

做出不同的反應，結果自然會改變。

你做的新選擇將會導出新的好結果，這一切都是你自己爭取來的。

官能症（精神障礙的總稱，包括神經衰弱、強迫症、焦慮症、恐懼症等）聞名全球的森田療法（日本已故精神醫學家森田正馬於一九一九年創立的療法）中稱為**「消除心態」**。

消除心態是招致惡性循環的源頭。

站在人前就怯場，一心想要消除怯場的恐懼，結果反而更緊張，陷入了惡性循環。

缺乏注意力而分心的考生，老是在看提升注意力的教材，佔用讀書的時間，陷入了惡性循環。

一直告訴自己別在意同事或競爭對手，結果反而更在意，導致工作效率變差，無法發揮實力，得不到好評，陷入了惡性循環。

只要看到別人不開心就很介意，想取悅對方卻讓對方更不開心，陷入了惡性循環。

滿腦子都在想第一次約會的事，愈想消除擔心，愈覺得和對方見面好麻煩，陷入了惡性循環。

站在人前會緊張是很自然的事、想提升注意力也是很自然的事、在意競爭對手或心情不好的人也是如此……對第一次的經驗感到不安或擔心，同樣也是很自然的事。

這一切都是正常的自然反應。

然而，硬要消除那些自然反應，反倒令你陷入惡性循環。即使緊張，只要能在人前完成自我介紹或簡報，就算表現普通也無妨，因為那才是原本的目的。別管注意力夠不夠，只要持續用功，順利通過考試就好了，因為那才是最終目標。

以為消除緊張是目標、在意自己缺乏注意力，以消除不悅的心情為目標，到頭來只會讓你偏離原本的目的。

要是對那樣的不悅情緒置之不理，事情就不會圓滿順利，受困於這種想法，一直採取消除情緒的行為，這就是「消除心態」。

順帶一提，此時的「消除心態」在森田療法中稱為**「處理」**，即針對「阻礙」的「處理」。雖然每個人遇到的阻礙各不相同，其根本都存在著「不安」或

「恐懼」。人生在世，難免會遭遇不安或恐懼。森田療法的創始者森田正馬（一八七四年～一九三八年）曾說，存活的欲望其實也是對死亡的畏懼。正因為如此，將不安或恐懼、討厭的情緒視為自然的反應，接納自己的情感是非常重要的一件事。

請各位務必理解，**接納情緒不等於消除情緒，這是重點。接納你的情感不代表你就不會感受到不悅，或是不悅的情感會就此消失。**

不被「情緒本位主義」操弄情緒，以「目的本位主義」採取行動即可

有人說他們無法說服自己「就算表現普通也無妨」，心情不舒坦就無法採取行動，這就是無法「擱置情緒」的**「情緒本位主義」**。

因此，重點在於，不要被「情緒本位主義」的消除心態操弄你的內部情緒。為了避免那種情況，只要以「目的本位主義」從外部採取行動即可。

站在人前就緊張、容易瞎操心……等，前文中提到的例子，我也遇過。我問

對方，假如簡報做不好會被降職嗎？得到的回答恰好相反，那些人在職場上多半被認為是表現優秀的人。

當事人的理想過高，受制於「應該這樣才行」的想法，具有完美主義傾向，所以不允許自己有半點不安或緊張，一心只想消除那樣的情緒。由此可知，他們想做好一件事的意念有多強烈。

可是，因為沒機會接觸這樣的心理調適教育，導致當事人鑽牛角尖，即使成績優異，簡報前往往因為太緊張，導致資料準備不全。在那段期間，失眠、喪失自信、憂鬱、常請假……落入令人避之唯恐不及的惡性循環。其實，不光是緊張，現實社會中有不少人都在那樣的惡性循環裡咬牙苦撐，想來真教人不捨。所以，我更加希望透過這種心理教育與實踐，讓各位確實體驗到效果與變化。

≫轉移注意力的箭頭，就可以改善你的不悅或不適

在此與各位分享我常用來說明的例子。

假設某人正在電影院看電影，那個人坐在椅子上，看著眼前的銀幕。

可是，看著看著，屁股突然痛了起來。

為了減輕疼痛，那個人試著改變姿勢，挪動屁股的位置，結果還是會痛。

而且，移動身體時，擔心擋到後面的人，所以更加在意，完全無心看電影。

這時候，相較於眼前的大銀幕，原本很輕微的疼痛感變得極為沉重。

起初往前看的意識箭頭，早已指向屁股或後方的人。

不過，後來電影開始進入高潮變得有趣起來。

因此，那個人的意識箭頭又指向銀幕，很開心地看完了電影。

之後，那個人被問到：「你的屁股還好吧？」他的回答是：「啊，現在已經不痛了。」

但「疼痛感」應該不會消失才對，畢竟那個人的體重或是臀部承受的壓力並未改變。

也就是說，「原本覺得極為沉重的疼痛感，由於注意力集中在眼前的電影，讓那個人覺得屁股不痛了」。

注意力就好比是翹翹板，一上一下、左右傾斜，或是像指南針的指針那樣搖擺不定。

處病症是一種異常在意身體不適感的病症。做了各種檢查後，儘管醫師診斷沒有異常，患者仍然堅持覺得不舒服或疼痛。

例如，去牙科診所裝了新的假牙後，嘴裡覺得怪怪的，所以一直用舌頭去舔，結果變成口內炎。因為很在意，不時地去碰觸發炎的部位，最後惡化成「開不了口，沒辦法講話」。其實真的有這樣的患者，這種愈是在意，感受愈強烈的情況，在森田療法中稱為**「精神交互作用」**。

說自己「沒辦法講話」，聽到醫師說：「你現在不就在說話。」立刻反駁：「那是因為我在跟醫生你說明啊。」

於是，醫師交代：「那麼，請你回去後好好留意，什麼時候不會覺得不舒服。」患者則說：「和朋友喝茶聊天的時候。」「看喜歡的電視劇的時候。」

牙科診所多少會遇到像這樣想太多的患者，這種症狀稱為「口內異常感症」。

另外，有位婦人在媳婦的陪同下前往某家疼痛管理診所就醫，直說身體很痛的婦人告訴醫師：「我現在不管做什麼都得靠兒子和媳婦幫忙。」但診察結束後，媳婦卻單獨回去找醫師，她說：

「醫生，我想我婆婆是真的很痛，沒有在裝病。可是每次外孫來找她，她就變得很有精神，還會下廚做菜，非常開心地陪孫子們玩。」

婦人的情況也是一種精神官能症，稱為**「心因性疼痛」**。

其實，日常生活中我們也有類似的經驗，好比想到「今天沒睡飽」就會莫名覺得頭昏腦脹，遇到非常開心的事就完全忘了自己沒睡飽。因為介意，於是變得更在意，這就是重點所在。

有位年輕女性覺得自己的心跳不太正常，加上有過恐慌症發作或過度換氣（呼氣、吸氣快速持續交換造成呼吸窘迫的狀況）的經驗，之後又出現預期性焦慮，因為太擔心病症再次發作，變得不敢外出。順帶一提，大部分有恐慌症的人都會出現預期性焦慮。不過，死於恐慌症發作的病例目前倒是沒有。

因為擔心再次發作，即使完成目的行動，心裡依然很煩惱，滿腦子都是「今天搭電車讓我覺得好難受」「我好怕會發作」，始終擺脫不了消除心態的糾纏。

這的確是很痛苦的事，一旦感到在意，心跳稍微加快就會開始擔心呼吸變亂，為了制止那種情況發生，滿腦子都在想那件事。

可是，上下樓梯或坡道，心跳與呼吸也會變得急促，只要過一段時間，身體自然會恢復平靜。

二十多歲時，我曾突然遭遇恐慌症發作，親身經歷過那種痛苦，現在還是很敏感，坐在有椅背的椅子上，想到「地震？」心跳就會加速，身體跟著搖晃，這樣的情況已是家常便飯。但是，如果想要消除那種不適感，反而又會一直惦記心跳不知何時會變快，搞得自己什麼事都做不了。

≫情感法則：當情緒出現動搖時，過一段時間後自然會恢復平靜

衝上坡道或樓梯、快速跑完一百公尺後，一定會氣喘吁吁、滿身大汗。

然而，我們並不會想要制止那樣的情況。因為我們都知道，身體自然會平復。同樣地，當情緒出現動搖時，只要過一段時間，自然會恢復平靜。這在森田療法中稱為**「情感法則」**。上升的情感曲線終會下降，下降之後會回到原位，心會自然而然地調整狀態。

倘若此時被消除心態困住，只想趕快處理，反倒會覺得很嚴重。

情感法則不單指一時的情感激動，也包含一整天的情緒起伏、周期性的身心變動。

因此，讓自己擁有情感免疫力，訓練你的心不會時悲時喜，這點很重要。等到你能夠接受自然的情感、自然的自己，以及他人自然的「本性」，往後就不會再被煩惱困住，可以更加享受現實生活。

不過，專注於「放任不管」「接受本性」，說來簡單做來困難，好比前文看電影的例子，不斷告訴自己，我不痛我不痛、別在意別在意，其實很難做到。所以，與其想辦法處理當下的狀況，先靜下心問自己「我在做什麼？」然後想著「好好看電影吧」，將注意力轉移至銀幕，也就是把意識箭頭往外推。

在公司裡，假設剛被上司罵了一頓，心情當然會受影響，短時間內無法平復。愈是想讓心情平靜，愈是覺得難過不舒服。這時候，不妨先擱置那樣的情緒，「別將情緒與行動混為一談」，稍做深呼吸、暫時放空，讓情緒沉澱。緊接著，把意識的箭頭指向眼前的事，引導自己去做「此時此刻」應該做的事。

就算在意自己缺乏專注力，也不要一直去想這個問題該怎麼處理，認真解答手邊題庫的每一道問題才是「此時此刻」真正該做的事，那才是現在的目的行動，將會帶領你實現願望。

如同「舉起右手，說ＡＢＣＤ」，把「得想辦法處理情緒」的念頭轉換成活動身體，試著去做現在做得到的事。等到想起來的時候，你會發現「欸，屁股

等到你能夠接受自然的情感、自然的自己，以及他人自然的「本性」，往後就不會再被煩惱困住，可以更加享受現實生活。

已經不痛了」。也不會有「今天被上司罵，真是糟透了！」的想法，就連被罵的事也忘記了，只會記得「今天工作很順利，真開心」。

假如職場的人際關係有問題，因為每天都得上班，肯定會覺得很痛苦，但那是人生中成長的必經過程，試著當作學習去體驗。

別再去想痛苦的事有多少，全心投入於現在真正該做的事。換個角度想，有薪水領，可以做自己又能得到幸福，還真是不錯呢！

我無法時時刻刻叮嚀各位，所以請提醒自己，把握每次的機會，好好實踐、練習。記得要仔細地反覆進行喔。

≫把消耗於煩惱的能量，用來做有建設性的事

有時我們會受困於煩惱或在意的事，滿腦子只想著那件事。儘管以客觀角度來看，生活還是照常過，對煩惱卻表現得小題大作。

這種傾向稱為**「心理防衛機制」**，容易煩惱的人通常很會瞎操心，深陷煩惱之中。此時，你可以嘗試照著以下的步驟做：

針對現況，試著寫出三十件能夠順利完成的事。

利用搭車的時間或是泡澡的時候，邊想邊算也可以。這個訓練是要將大腦內非意識產生的負面想法修正為具建設性的正面想法、看法或感受方式。睡前或是睡不著時，躺在床上想也可以。

「我很感恩自己在〇〇這方面很順利。」

「我很〇〇，這樣的我真棒！」

同時，像這樣進行自我感謝或讚美。

背負壓力、想要消除煩惱、想讓自己不再受傷，為了那些事情操心，耗費的能量遠超過身體消耗的熱量，所以感到非常疲勞。結果，沒有餘力享受休假，最後過著毫無興趣嗜好，每天往返於公司和住家的生活，我想這樣的人不在少數。

不過，有些人總是打扮得光鮮亮麗，有聚會就參加，假日行程滿檔搞得很累，到了上班日卻絲毫不見疲態。

曾經有位S小姐來參加我的個人講習，她就是過著那樣的生活。有次她為了參加公司的資格考試而缺課，下一堂課的時候她現身了。我一如往常地問她：「從上次的課到這次的課，妳感覺如何？」她想了一下這麼說：

「上次到這次的課之間我忙著念書，根本無心煩惱其他事。」

我聽了立刻回道：「對對對，就是那個！」過去我再三說明的事，S小姐總算親身體驗到了。

也就是說，與其把「不要一直煩惱」當成課題，持續去做些正面有建設性的事或興趣，反而簡單多了。

比起消除雜念，不如馬上動手做可以做到的事

我也有在指導民眾如何靜坐冥想（meditation），可是突然要求對方「閉上眼、把心放空，冥想三十分鐘」，其實很難做到。

「剛剛那三十分鐘，腦子裡一直想東想西，完全無法放空。」

「那並不是冥想，請試著不要想事情。就算有想到什麼也別繼續想下去。像那樣化有為無才是冥想」，即使這樣說，還是不容易做到。

假如換個說法：

「請你盡量慢慢地拉長深呼吸，數到五十」，這麼一來，對方就做得到。雖然一邊深呼吸一邊數到五十並不會進入放空狀態，至少不會想東想西，也算是遠離了雜念。

這就如同前文中那位患有心因性疼痛的婦人，外孫去探望她時就不會覺得痛。說自己忙著念書，根本無心煩惱其他事的S小姐也是如此。

與其把「不要一直煩惱」當成課題，
持續去做些正面有建設性的事或興趣，反而簡單多了。

冥想的主旨是不要思考，實行的方法卻恰好相反，如果被要求「現在開始，請放鬆想像三十分鐘」，同樣也是做不來。

起初會從想像的願望延伸出各種聯想，然後漸漸偏離原本的願望，最後反而感到疑惑，覺得「咦，我現在在做什麼？」

假如換個說法：

「先不管做不做得到，試著寫出你在往後的人生中想體驗的事或是想得到的東西，盡可能多寫一些。」

結果，進行想像的時候連五分鐘都撐不了的人，埋頭專心地寫了一小時。

「什麼，已經過了一小時啦？時間過得還真快」，大夥兒不約而同地這麼說道。

不過，原本只是打算想像一下，腦中卻接連產生聯想，或是像前文提到的冥想時不斷想東想西，這是怎麼一回事呢？

那正是非意識的腦內活動所致。

腦中會重複出現非意識的反應，舊有的思考模式變成不受控制的狀態，所以進行想像或冥想時，會被非意識的腦內活動影響、牽連。

因此，即使想要進行冥想或想像，一不小心就會被舊有模式搶走主導權。不管重來幾次，結果都一樣，演變成擔心的事、負面批評或藉口。由此可知，非意識的思考也是有「因果」的連鎖反應，這點請各位留意。

不想被干擾時，只是持續忍耐「不要多想」實在有困難。與其那麼做，把其他「能夠做的事」當作課題還比較簡單。

≫覺察你的問題，跳脫「製造煩惱的惡性循環」

停止「消除心態」就是「接受自然的本性」，但每次進行個人講習時，如果一再說明那件事，就會變成**「說服療法」**（或稱「勸導療法」）。

當事人正為了現況或身邊的人而煩惱，談話內容多半會傾向那方面的話題。然而，倘若持續談那些事，就會開始分析不在場的人，或是臆測還沒發生的事，結果可能讓自己更心煩、更在意。當然，我們得避免那樣的情況發生。

序章曾提到「立點」的概念，一開始我會仔細傾聽當事人的憂愁或煩惱，並且給予共鳴。然後，慢慢引導對方去關注自己的行為模式所導致的結果，將如何擺脫惡性循環的實際行動當作課題，同步進行接納情感、接受自己的心理治療。

「只要煩惱解決了，我就會變得更有活力，能夠完成更多事！」有煩惱的人多半是這麼想的。

不過，要是被問到「那你想做什麼？」得到的回答卻又是「沒有特別想做的事」。假設某位有戀愛煩惱的女性，總是被動地等待男方的連絡。在那種行為背後，其實隱藏著「如果能解決和他之間的問題，沒見面的時候我也會過得很開心」的消除心態。

有些人「姑且算是」有在學習才藝或培養興趣，但那件事卻令他們成天煩惱不已。譬如參加發表會或展覽，比起滿心期待、認真練習，他們往往是想到如何消除對發表會或展覽的不安。

容易瞎操心、事事多慮的話，即使環境改變了、往來互動的對象改變了，煩惱始終會跟著你。

「只要讓環境變得更好」「只要擺脫痛苦的人際關係」……心裡就算這麼想，假如自己本身就是「煩惱製造機」，不管環境或人際關係如何改變，仍舊會自動產生擔憂或苦惱。

在非意識的狀態下持續自動運轉的煩惱製造機，只要有意識地改成生產喜悅的產線就沒問題了。如此一來，你就會變得幸福。

提醒各位一件事，儘管嘴上說「我不管了」，稍不留神又會被非意識的思路、舊有的自動模式牽制，陷入煩惱之中。請留意到這一點，去做「能夠做的事」、「想做的事」，例如一直很想嘗試的事或是想去的地方……等，將這個當作課題。

當然，已經有明確的目標，像是畢業論文或參加比稿，還是要以「應該做的事」為優先。擱下應該做的事，去做想嘗試的事只是一種逃避行為，反倒違背了當初進行心理諮商的目的，完全是本末倒置。說了這麼多，主要是希望各位能把耗費於煩惱的心力轉而投注在樂趣。

回歸正題。

本章除了介紹利用第一章至第四章的練習解決以往的煩惱或壓力，同時加入實踐「樂趣」的課題。積極去做想做的事、一直很想嘗試的事等，更加正面、具建設性的事情，能讓過去非意識感到的煩惱或疑惑等負面循環轉換成好的正面循環。

》打鐵趁熱，好事不宜遲，把「行動」當作你的第一課題

為了擁有不被煩惱困住的自在生活，想去健身房運動、想學才藝的話，「打鐵趁熱」快快行動，先去參觀或體驗，把實踐樂趣當作新課題。

不過，生性嚴謹或多慮愛操心的人，有時會花太多時間收集資料。告訴自己放輕鬆、差不多就好，抱著「姑且一試」的想法，邁出實踐樂趣的第一步。

加入健身房或是開始學才藝之後，應該持續下去嗎？要是遇到討厭的人怎麼

辦？這時，請告訴自己「情緒與行動不要混為一談」，總之先做能夠做的事、想做的事。這是加速自我實現的關鍵，所以「好事不宜遲」。

經常顧慮太多、做事格局小的人，展開新行動對他們來說是一種「直衝恐懼的體驗」，但那其實也是「突破行動」。

下定決心展開突破行動後，大部分的人都說「其實沒我想的那麼難」。有些人甚至會說「進行得太順利，我有點失望」，我聽了不禁莞爾回道：「唉唷，所以你覺得難一點比較好囉。」在笑談間畫下完美的句點。

總之，**如果有一直很想嘗試的事，請「打鐵趁熱」快快行動，以期待的心情迎接下次的休假，去做想做的事、去想去的地方，把這個當作你的課題。**

好好運用實力，你就不會像以往那樣感到疲累。

因為你的能量已經開始進入好的循環。

接下來，不妨稍微提高難度。

假如沒有特別想做的事，心情很煩，家裡也亂七八糟，那就試著進行局部的整理，像是書架或抽屜，鎖定單一區域，先整理四十五分鐘就好。或是縫補快脫落的鈕釦。像這樣，從生活中的基本小事著手也是不錯的方法。

另外，要是覺得體重過重，別在意穿著打扮，利用十五分鐘或三十分鐘，外出走走活動身體。只要有行動，一定會產生結果。正所謂種什麼因，得什麼果。

做得到「舉起右手，說ＡＢＣＤ」，你就一定能讓自己的想法結合行動。這些小事的累積能讓你很快進入狀況，進而產生自信。

≫不把徹底消除煩惱當成人生目標，把力氣專注在想做的事

著手進行想做的事、期待的事之後，除了得到一直很想要的東西，心情也會豁然開朗不再煩惱，變得更加喜愛自己，這是必定會有的變化。

總之，問問自己「想變得怎麼樣？」「想做什麼？」然後朝著實現目標的方向積極展開行動。

盡情去想像「理想中的自己」，全力支持自己變成那個樣子。

今天下班後「要去做那件事真開心」、希望下星期快點到「好想趕快去那裡」，全心投入在有那些想法的事情上，自然沒有多餘時間想東想西。

就算無法維持很長的時間，只要告訴自己「學習各種事是我的興趣」就好了。興趣就是單純對某件事樂在其中。

去一直很想去的咖啡廳，喝杯茶吃蛋糕、隨意翻閱一本書，如果你喜歡這樣，那就盡快去做。

嘗試沒做過的打扮或妝容也無妨，無須考慮也不必猶豫，快點動手試一試。

又或是，把小時候「真正想做的事」當成往後的興趣也可以。

假如有很想實現的夢想或目標，你更沒時間去煩惱其他事。為了實現自我，順從你的心，快快展開行動！

盡情去想像「理想中的自己」，全力支持自己變成那個樣子。

總歸一句話，不要把徹底消除煩惱當成你的人生目標。透過第一章到第四章的練習減輕壓力，同時進行和興趣、樂趣或實現願望有關的行動。

試著單獨旅行，藉此機會享受各種經驗，那些經驗說不定會為你帶來自信。

有些人不願放棄兒時的夢想，所以下班後去念夜校進修。

因為身體虛弱曾被霸凌，在公司總是態度消極的男性開始學習武道（日本的傳統武術）。起初只是為了圓夢與增強體力，最後竟然練到黑帶等級。學習武道的期間，他照常過日子，儘管沒有出現特別的契機，卻也自然而然地和同事變得熱絡，還交到了女朋友。

某位向我諮商的家庭主婦說，老公動不動就發脾氣，她受夠了那種提心吊膽的生活，後來她決定不再看老公的臉色，每到晚上就戴起耳機，邊聽廣播邊做手工藝，沒事可做的老公也重拾學生時代的興趣，開始重練吉他。過沒多久還說要和朋友一起在週末辦演奏會，她老公也有了自己的目標，彼此都神采奕奕、充滿活力。

這就好比前文看電影的例子，別去管屁股的疼痛，聚焦在銀幕上的劇情發展，專心投入其中，那才是有意義地活著。

當欲望與行動能夠順利配合，你會活得更自主，並且明白在那樣的狀態下，身心皆為良好狀況。積極進行第一章至第四章的練習與「好事不宜遲」的行動，煩惱自會遠離，使你變得幸福充實。是不是覺得躍躍欲試？出現這些徵兆，表示你已經慢慢養成習慣。此時，好的循環會像滾雪球似地愈來愈大。

你是否曾經擱下最想做的事，選擇比較好下手的「安全牌」。請拋開那樣的想法，依循內心明確的欲望，決定出優先順序。接著依照優先順序，有效地運用時間或金錢等資源、身心能量，盡力實現那件擱置的事。

人稱「富翁締造者」的成功學之父拿破崙．希爾（Napoleon Hill，一八八三～一九七〇年）在其著作《思考致富》（Think and Grow Rich）中也提到「把想做的事付諸行動」。

我們活著的目的不是解決煩惱，而是實現自我。

擺脫惡性循環，享受幸福人生，順從求生的欲望，朝著「想做的事」逐步展開行動，改變人生的軌道，從「煩惱」轉換為「樂趣」吧！

≫今天起，不再庸庸碌碌地過日子

本章是以不再被煩惱困住，度過充實有活力的人生為目的，從「非意識」的角度介紹「有意識的選擇」，用看電影的例子解釋想太多形成的「阻礙」，最後再以穩固良好的循環為目標，給予實踐「樂趣」的提議。

希望各位往後都能挺起胸膛告訴自己：「當時的煩惱是對的。」因為曾經煩惱過，「現在才能過得充實有活力」。

本章至此也將進入尾聲，最後有件事想拜託各位。

那就是，別再把「一般來說」掛嘴邊！

「一般來說，不都是這樣」，別再用這種心態衡量事情。

跳脫「一般來說」的刻板思維框架，發揮「專屬於你的潛能」。

反過來說，就是因為老把「一般」掛嘴邊，所以你只能停留在一般的程度。「一般來說，這樣會很難過吧。」「一般來說，這很難拒絕吧！」「一般來說，改變自己沒那麼簡單啦！」我們的潛能正是被這種「一般來說」的思考方式限制住了！

內心的無限潛能一直在等你解開那層束縛。

閃閃發光的幸福、喜悅的能量、潛能的力量早已在心底大喊：「我們都準備好了！」

天天幸福快樂、充滿自信活力的充實生活，你絕對可以擁有。

我們活著的目的不是解決煩惱，而是實現自我。

這世上沒有人能阻礙你的幸福與人生。之所以認為「有」，正是那股礙事的「一般來說」思維造成的影響。

讀到這裡，相信各位不會再遲疑顧慮。揮別一般的思維，讓心愛的自己變得更輕鬆，積極去做真正想做的事，變成理想的自己，好好地享受人生！

後記

感謝各位撥冗閱讀《不受傷的練習》這本書。

由衷希望書中的各種建議對各位往後的人生有所幫助。

每個人都有變幸福的權利與自由。

無論別人怎麼說、怎麼看，你只管擺脫不需要的壓力，完成實現自我的目標，心滿意足歡喜度日。那樣的自由與權利、價值與力量都在你身上。

我會一直為各位加油打氣，祝福你們都能充滿活力、自信十足地邁向嚮往的人生。當你覺得意志消沉時，請務必想起這本書！

然後，照著「前言」所述，重新翻讀本書，或是看看封面的圖，想想此刻的自己正處於哪個階段、出現了怎樣的變化，記得每天都要回想軌道的目的地。

購買能量石手環或護身符的時候，我們無非是想從中獲得力量、實現願望，但買了之後卻毫無感覺、沒有任何想法，結果等於白買，完全發揮不了作用。換言之，唯有強烈意識到當初想擁有能量石或護身符的力量的理由、目的，我們才能獲得並發揮其力量。

有時我們會忘記原先的目的、目標或願望，等到遭遇困難時才驚慌想起，為了避免那種情況，請各位貪心一點。

那股欲望會促使你做出選擇，展開一連串的行動，慢慢地鋪陳人生的道路。終點處即是一年後、三年後、五年後、十年後幸福滿足的你。

因此，有意識地選擇每一天的思考或行動，真的是很令人期待的事！

今日的自我實現將造就十年後的自己，你正在為實現自我而鋪路，這一點請各位牢記在心。

我在序章提到的「加強集訓」概念也是這個用意。

當你領悟到什麼或是出現良好的變化，若能與我分享，我會感到很開心。

最後，感謝出版本書的青春出版社社長小澤源太郎先生，真的很謝謝您。

從一九九九年開始合作，長時間擔任我的著作的責編手島智子小姐，這次也承蒙您的照顧，謝謝您！

負責日文版封面設計的黑瀨佳澄小姐、內文編排的 MAD HOUSE，由衷地感謝你們。

山崎道隆先生、富田志乃小姐等諸位業務部的同仁、各家書店，以及與本書製作、流通相關的所有人員，真心感謝各位。

寫書過程中，日本森田療法學會的北西憲二先生、立松一德先生、久保田幹子小姐等諸位老師、前輩與同伴給予我諸多指導，在此致上由衷的謝意。

關愛我、相信且支持我的家人朋友、學生及讀者們，感恩出現在我生命中的所有人。

LOVE

Lyzz 山崎

書 名

姓 名　　□女 □男　年齡

地 址

電 話　　手機

Email

□同意 □不同意　收到野人文化新書電子報

學 歷 □國中(含以下) □高中職 □大專 □研究所以上

職 業 □生產/製造 □金融/商業 □傳播/廣告 □軍警/公務員
□教育/文化 □旅遊/運輸 □醫療/保健 □仲介/服務
□學生 □自由/家管 □其他

◆你從何處知道此書？
□書店：名稱 ______ □網路：名稱 ______
□量販店：名稱 ______ □其他 ______

◆你以何種方式購買本書？
□誠品書店 □誠品網路書店 □金石堂書店 □金石堂網路書店
□博客來網路書店 □其他 ______

◆你的閱讀習慣：
□親子教養 □文學 □翻譯小說 □日文小說 □華文小說 □藝術設計
□人文社科 □自然科學 □商業理財 □宗教哲學 □心理勵志
□休閒生活（旅遊、瘦身、美容、園藝等） □手工藝／DIY □飲食／食譜
□健康養生 □兩性 □圖文書／漫畫 □其他 ______

◆你對本書的評價：（請填代號，1. 非常滿意 2. 滿意 3. 尚可 4. 待改進）
書名 ____ 封面設計 ____ 版面編排 ____ 印刷 ____ 內容 ____
整體評價 ____

◆你對本書的建議：

廣告回函
板橋郵政管理局登記證
板橋廣字第143號

郵資已付 免貼郵票

23141
新北市新店區民權路108-2號9樓
野人文化股份有限公司 收

野人

請沿線撕下對折寄回

野人

書號：0NFL0172